逆向法丛书

记忆的窍门

第4版

钟道隆 著

清华大学出版社

北京

内 容 简 介

本书共 9 章。第 1、2 章介绍记忆的原理与增强记忆力的一般方法,着重说明了人的记忆力不是天生的,而是后天可学的。第 3～9 章分别介绍数字、电话号码、圆周率、人名、文理科内容、英语单词的记忆方法。按本书介绍的方法,智力正常的人在一小时内能记住圆周率 100 位。

本书通俗易懂,适合具有中等文化程度以上的读者阅读。在家长的辅导下,部分内容也适用于学龄前儿童和小学生。

图书在版编目(CIP)数据

记忆的窍门/钟道隆著. 一4 版. 一北京:清华大学出版社,2010.4(2024.2 重印)
(逆向法丛书)
ISBN 978-7-302-21775-6

Ⅰ. ①记… Ⅱ. ①钟… Ⅲ. ①记忆术 Ⅳ. ①B842.3

中国版本图书馆 CIP 数据核字(2010)第 001601 号

责任编辑:胡永清　洪　英
责任校对:赵丽敏
责任印制:杨　艳

出版发行:清华大学出版社
　　　　网　　　址:https://www.tup.com.cn,https://www.wqxuetang.com
　　　　地　　　址:北京清华大学学研大厦 A 座
　　　　　　　　　　　　　　　　　邮　　编:100084
　　　　社 总 机:010-83470000　　　　邮　　购:010-62786544
　　　　投稿与读者服务:010-62776969,c-service@tup. tsinghua. edu. cn
　　　　质量反馈:010-62772015,zhiliang@tup. tsinghua. edu. cn
印 装 者:三河市少明印务有限公司
经　　销:全国新华书店
开　　本:165mm×230mm　　印　张:16.5　　字　数:178 千字
版　　次:2010 年 4 月第 4 版　　　　印　次:2024 年 2 月第 11 次印刷
定　　价:59.00 元

产品编号:034770-03

编者的话

他上大学时是优等生；

他工作时是优秀科技工作者；

他 45 岁自学英语口语，一年后成为口语翻译，提出了逆向法，发明了复读机；

他 52 岁自学电脑，20 多年写作与翻译了 60 余本书；

他 57 岁学习和研究记忆法，能背出圆周率 1000 余位；

他退休后是优秀退休干部；

他就是"逆向法丛书"的作者钟道隆教授。

他的成功给了我们许多启示：

（1）要有强烈的求知欲和良好的学习方法。在校学习期间，要尽快完成由"要我学"到"我要学"以及由"学会"到"会学"的转变。

（2）知识就是力量，只有刻苦学习才能成为对社会有用的人才。

（3）掌握英语和电脑是信息化社会的要求，每一个现代人必须主动迎接时代的挑战，努力学会英语和电脑。

（4）只要肯下工夫，什么时候学都不晚。"学习方法千万条，刻苦努力第一条"。他 45 岁和 52 岁时利用业余时间刻苦学习，尚能学会英语和电脑，如果你只有 15 岁、25 岁或 35 岁，只要努力，方法得当，一定可以取得比他更大的成绩！

（5）只有重视基本功，才能事半功倍；急于求成往往欲速不达、事倍功半。

（6）好的记忆力不是天生的，是可以通过后天努力得到的。普通人大脑的记忆潜力无穷，扎扎实实地学习一些记忆方法，无穷的记忆潜力一定可以转化为极高的现实记忆力。

为了把钟道隆教授的经验介绍给广大读者，我社特编辑"逆向法丛书"。

愿"逆向法丛书"能为你走向成功助一臂之力。

清华大学出版社

2009 年 4 月

第4版前言

本书第 3 版出版 5 年多来,笔者收到了许多读者的来信,介绍各自独特的记忆方法。与此同时,笔者继续注意学习、总结和收集各种记忆方法,积累了许多素材,借编写第 4 版的机会,对全书内容进行全面的补充和调整。

欢迎读者把自己的记忆经验告诉笔者,以便本书再版时将您的经验收录其中。

笔者的通信地址:清华大学出版社转

邮编:100084。

E-mail:zdl1934@126.com

钟道隆

2009 年 10 月于清华园

第1版前言

笔者55岁时到某学院从事教学领导工作,必须记住大量新的信息(如人名、电话号码以及各种数据等),感到比较吃力,脑子里不时冒出"已经55岁了,老了,记忆力不行了"的消极想法。抱着试试看的想法,笔者找来一些介绍记忆方法的书,一边看一边练习,记忆力得到了极大的提高,不到一个月就记住了主要信息。这不但极大地增强了笔者的自信心,而且使笔者对"记忆"这个古老的课题产生了浓厚的兴趣。笔者开始广泛阅读各种记忆类书籍,总结实践经验。周围同事对此很感兴趣,经常要笔者讲解记忆各种信息的方法,讲解之后就是热烈的讨论和研究。本书就是在这个讲解、讨论和研究的过程中逐步补充和修改而成的。由于笔者和周围同事都是普通人,故以《记忆的窍门——普通人提高记忆力的方法》为书名。

"一个综合记忆数字的实例"一节是笔者每次讲解时最受听众欢迎的内容之一,因为所叙述的内容(如人名、单位名称和电话号码等)就在听众的身边,看得见,摸得着,能很快得到传播和应用。遗憾的是,为了不涉及个人和单位的真实名称,有些实例在书中出现时不得不略去或改用谐音(但能说明问题的部分仍是真实的)。如果经过改造的名字或电话号码仍与某些名字或电话号码一致,这纯属巧合。

为什么要着重指明本书是普通人提高记忆力的方法呢?因为不少人在看到或听到各种记忆力超群的人的事迹以后,常常认为这些人天生记忆力就好,而自己则是普通人,不能和他们比。正是受这种悲观思想的影响,我们经常可以听到一些 30 来岁的人说"老了,记忆力衰退了,记不住了"一类的话。他们从小学、中学到大学,十几年间学过许多课程,但就是没有学过如何提高记忆力这一课,而且正因为缺少这一课而吃尽苦头。笔者编写本书的目的之一就是想劝说那些缺乏自信心的普通人:"好的记忆力不是天生的,是可以通过后天努力得到的。普通人大脑的记忆潜力无穷,扎扎实实地学习一些记忆方法,无穷的记忆潜力一定可以转化为极高的现实记忆力。"例如,笔者看到报纸介绍一个聋哑女孩能背出圆周率 1000 位后感叹不已,认为真是了不起的神童。后来笔者用学到的记忆方法去背,很快也记住了圆周率 1000 余位,指导周围的中小学生,无一不在一两个小时以内背会了 100 位。

　　本书不讨论快速记忆,因为对于普通人来说,关键的问题不是如何在短时间(几秒钟或几分钟)内记住大量信息,而是如何下工夫在一定的时间(几个小时、几天或几个月)内把基本信息记住记牢的问题。

　　笔者是从事电子工程技术工作的,缺乏记忆心理学方面的专业知识,书中差错在所难免,敬希读者指正。

钟道隆

1997 年 5 月于清华园

目　录

第 1 章

记忆的作用

1.1 脑记忆与笔头记忆

根据记忆信息载体的不同,记忆可以分为脑记忆与笔头记忆两大类。记忆载体是人脑的称为脑记忆,记忆载体不是人脑的称为笔头记忆。这里"笔头"泛指一切非人脑的记录信息载体,可以是传统的纸和笔,也可以是声、光、电、磁等记录设备。

随着现代科学技术的发展,尤其是电脑技术的飞速发展,信息的记录、存储和加工处理等都可由电脑高速完成,把人们从令人烦恼、日复一日、枯燥无味的重复性劳动中解放出来,去从事更有价值和更有创造性的脑力劳动。

电脑可以取代部分人脑的功能,而且在信息加工处理的快速性、准确性和不知疲劳的连续工作等方面远远超过了人脑。但这在任何意义上都不意味着人脑记忆的重要性降低了。正如本书中所表明的,笔者主张人脑和电脑相结合,也即主张好记性加"烂"笔头。

虽然有些原先需要用脑子记忆的内容可以由电脑去完成,从而减轻了人脑的记忆负担。但随之而来的又增加了不少新的记忆内容,例如为了能使用目前风行全世界的互联网中包罗万象的信息,除了要记住大量与电脑技术有关的知识外,还必须了解并记住大量使用规则,而且还要有较高的英语水平,以便能阅读屏幕上出现的大量在线英语说明。所以对于今天的人们来说,需要用脑子记忆的信息总量不一定比上一代人少。再说,电脑的功能再强,也总有无能为力的场合。例如处理工作和学习中碰到的大量还没有来得及输入电脑的信息时,就只有依靠人脑记忆了。

从加工和利用信息的角度看,脑记忆与笔头记忆之间的关系很像电脑的内存和外存的关系。脑记忆相当于电脑的内存,笔头记忆相当于外存。只有把外存的信息调到电脑的内存里以后才能进行处理,笔头记忆的信息只有转换为脑记忆信息后才有可能被大脑利用。电脑处理的结果,既可以放在内存,也可以转移到外存;经过人脑加工以后得出的信息,既可以脑记忆的方式保存在脑子里,也可以转移到外部笔头记忆载体上。

本书所讨论的记忆,除特殊指明外,都是指脑记忆。

1.2 脑记忆的作用

记忆(脑记忆)在人类社会发展过程中所起的作用是不言而喻的。人类在有文字之前,一代一代完全靠记忆积累经验,靠记忆传播经验。可以说没有记忆,人类社会就不能发展。对于我们每一个具体的人来说,学习、工作和生活等都离不开记忆。记忆是思维活动的基础,丧失了记忆的人是植物人，不能通过记忆获取新知识的人相当于机器人。

　　记忆的必要性可以用学习和应用英语作为一个例子来说明。是不是在认识了英语字母以后，只要带一本词典和语法书就可以看英语资料呢？显然是不行的。有了生词去查词典也许还能查得着，但是词典里一个词的释义很多，如何根据上下文选取合适的释义就要依靠大脑已经记忆住的英语语法知识了。有了不懂的句子需要查语法书，如果大脑里不记住基本的语法知识，可能都不知道到哪里去查呢！

　　记忆对于个人工作和学习的作用，具体说有以下几个方面：

　　(1) 有了记忆才能进行学习，才能进行连贯的思索，才能使感性认识上升到理性认识。不论是通过听觉进行学习还是通过视觉进行学习，都要以脑记忆为基础。一个边听边忘或边看边忘的人是不能进行学习的。

　　人们经常讲感性认识重复多次就会上升到理性认识，产生概念，提出有创造性的见解。在这里，起决定性作用的是人脑对于已经记住了的各种信息的加工，即对于各种信息进行连贯起来的思索，进行去伪存真、由表及里和由此及彼的思索。只有在这个基础上，才能产生一般人所谓的"灵感"或"思想的闪光"。很明显，这样做的前提是要准确记住所要加工的素材，否则去伪存真、由表及里和由此及彼就没有对象。尽管人们经常说"好记性不如烂笔头"，但也绝对不能想象一个凡事都要查书本资料的人能提出什么像样的概念和创见来。

　　只有把工作(或生活、或学习、或科研……)所需的各种元素(素材、数据、概念等)和各种知识牢牢地记在脑子里，成为需要用的时候能信手拈来的"活地图"和"活字典"，才能很快抓住问题和解决问题，做到有所发现、有所前进。例如在技术工作中经常碰到各种各样的难题，如这些难题的表现形式是什么、哪些是假象、哪些是真相、应该用什么理论去分析、怎样解决等，都没有现成的答案。只有把理论知识理解得透彻并牢牢记在脑子里，才能比较快、比较好地发现和解决问题。

（2）有了记忆，才能办事，才能提高办事效率。现代人生活在快速变化的环境里，生活、工作和学习等都在动态中进行。每天碰到的事情，不是也不可能是以往发生过的事情的简单重复。因此不管事先准备得如何周密，都会有预见不到的情况出现，需要及时地、灵活地加以处理。也就是说，不能完全依靠各种事先准备好的笔头记忆材料（各种硬拷贝和软拷贝），而需要依靠大脑记住随时发生的各种情况，并对这些情况进行动态加工，形成各种想法。例如参加一次会议，会议的主持人按照准备好的材料作报告，进行中如果出现了预料以外的情况（例如听众提出了需要即席回答的问题），报告人必须能很快地判定情况（例如记住提出的问题要点），并开动脑筋，利用大脑中已有的各种信息，分析出现的情况，形成处置意见（例如对所提的问题进行分析，形成答案）。在这种情况下，现查资料再形成答案的做法是根本行不通的，只能依靠已经记在大脑里的各种信息。

记忆力好的人，能很快把要办的事情办成，不仅工作效率高，而且能及时享受到成功的喜悦，因而心情舒畅，越干越想干。而记忆力差的人，办事丢三落四的人，不但工作效率低，而且会因为健忘而屡屡碰钉子，心情必然懊丧，对所办的事情就会感到厌倦，很多能办成的事情也可能办不成。

（3）良好的记忆能增强办事的效果。就以人们经常遇到的作报告和向外来人员介绍一个单位的情况为例来说吧。虽然记住的内容不一定能理解,但是理解了的内容最好能牢牢地记住,以便应用时能招之即来。

一个没有熟记自己讲话内容的人,必然照本宣读别人准备的材料,看一句说一句,听众得到的信息是支离破碎的,不太容易得到要领,也引不起兴趣。只有讲话人在理解的基础上把要讲的内容记住了,才有可能用自己熟悉和惯用的语言,把要讲的内容生动地表达出来,才可能吸引听众的注意力,听众才可能得到完整的概念。

只有把要讲的内容牢牢地记住了,才能在讲的过程中随机应变,不管听的人怎么提问题,怎么打岔,都能把话题拉回来,把该讲的话讲完,才能适合听众的口味,听众对哪个问题感兴趣就重点讲哪个问题。而记不住自己讲话的内容,只要听众一提问题,或一打岔,就可能忘记已经讲到哪儿了。

有些事需要当场即时确定(例如工程建设现场勘察时当场决定事项等),往往来不及或无法查书面资料。如果各种情况和素材都清楚地记在大脑里,就能作出最佳选择。如果各种情况和素材若明若暗,就可能作出不好甚至是错误的选择,发现后再去纠正时可能已经造成了一些损失,有的甚至已经来不及纠正了。

(4)记忆自己经常接触的人的名字很重要,如果一见面就能说出对方的名字,对方就会有一种亲切感,一下子就把两人之间的距离拉近了(对方如果是自己的下级,这种情况尤其明显)。否则别人与你说了半天话,你倒过来还得问他叫什么名字、在哪个单位工作,或张冠李戴随便应付几句等,都是很令人扫兴的。

这种情况在短期与陌生人接触时更为明显，正因为接触的时间只有几小时或者几天，如果你能记住对方的名字（起码要记住姓），对方就会感到你是一个办事认真的人，是一个看得起对方的人，办事的效果就会比较好。与此相反，如果认为接触只有几天，记不记无所谓，因而只能"这位同志"、"那个人"的去称呼别人，就会显得很不礼貌，使对方感到你是一个办事不认真的人，是一个看不起对方的人，办事的效果就不一定好。

　　对于偶然碰到的人通过各种方法记住了名字，以后再次碰到时能叫出来，对方一定备感亲切，大大地增强办事效果。

　　（5）可以免除办事丢三落四和处于尴尬的境地。我们在日常的生活和工作中常常可以看到一些人由于不注意记忆，办起事来丢三落四，本来能办成的事错过了机会，或者事后花更多的代价才能办成。由于不注意记忆，有时还使自己处于很尴尬的境地。例如开会作报告或在会上发言，一上来就声明要讲三点，可是在讲完第一和第二点以后，一时间再也想不起来第三点是什么了，于是只得说，"就讲到这儿吧"，或者又重复讲起已经讲过的内容。为了办事不丢三落四和不处于尴尬的境地，就要注意锻炼记忆力，牢牢地记住要办的事或要讲的内容。

　　记忆力不好有时会产生对别人很不礼貌的行为。例如约定时间去某地与某人会面，但因为遗忘而不能如期前往，让别人空等了很长时间；约定时间请别人来办公室或家中会面，自己却忘记了，出去干别的事，使别人扑一个空等。这些都会使别人觉得你是一个不守信用的人，一个不尊重别人的人。

　　记忆力不好有时还会闹出张冠李戴、乱点鸳鸯谱一类的笑话来。

第 **2** 章

记忆和遗忘的一般特性

讨论记忆和遗忘的一般特性时,首先碰到的问题是记忆的机理,包括记忆信息的机理是什么、记忆信息的载体是什么、记住的信息存储在脑子的什么部位等。

为了回答这些问题,各国的科学家从分子和细胞的水平上进行了广泛的研究,在实验的基础上提出了各种各样的学说。在记忆信息的存储形式方面提出了痕迹论和信息论。痕迹论认为记忆的生理机制是大脑神经的暂时联系,这种暂时联系以痕迹的形式保留在大脑中。信息论是研究消息的信息量、信道容量和信息编码的理论。把这种理论应用于人脑记忆的研究,则把人脑看作一个信息接收器、加工器和提取器。记忆就是信息的接收、编码和存储的过程,并以信息编码与否来解释短时记忆和长时记忆的区别。记在脑子里,但没有经过编码处理的信息呈现为短时记忆,经过编码处理的则呈现为长时记忆。如同通信系统中的情况一样,没有经过编码处理的信息容易受干扰和丢失。短时记忆虽然也记在脑子里,但容易忘记。长时记忆经过编码处理,有比较强的抗干扰能力,能在脑子中保留比较长的时间。

关于记住的信息存储部位的问题,有定位说和非定位说两种。定位说认为不同种类的记忆信息存储在大脑的不同部位。非定位说认为记忆信息在大脑中没有特定的位置,而与大脑的各个部位都有关。近年来受激光全息照相术的启发,有的人把非定位说引申为全息说,认为记忆信息存储在每一个脑细胞里。

关于人脑记忆信息的载体是什么的问题,有人认为记忆与细胞之间的突触有联系;有人认为记忆的信息存储在核糖核酸分子(RNA)里,并把它称为记忆分子;也有的人认为记忆分子是蛋白质或其他化学物质,而不是RNA。各种学说对于记忆信息载体的看法不一,但有一点是肯定的,那就是记忆是一个复杂的生物和化学过程。在现有对记忆信息载体认识的基础上,国外已经有人在动物身上进行记忆转移试验,并取得了一定的进展。

尽管有了以上各种学说,但是离彻底搞清人脑的记忆机制还有很远的距离。正因为这样,人脑的记忆机制被认为是近代十大科学之谜中的一个,有待哲学家、心理学家和脑科学家们去探索、去研究。本书采用黑匣子方法,只讨论大脑记忆的外部特性,不涉及大脑的内部作用过程。也就是说,只从大家在日常生活、学习和工作中都能体验到的规律出发,讨论记忆和遗忘的一般特点和增强记忆的方法,不讨论这些方法所涉及的生化机理。

2.1 记忆过程的三个阶段

记忆是一个从"记"到"忆"的心理过程。整个记忆过程可以分成三个阶段:第一阶段称为识记,就是通过眼、耳、鼻、舌、身等感觉器官,把外部的信息输入到大脑里；第二阶段称为保持，就是把输入到大脑里的信息加以记忆保存；第三阶段称为再现，就是在需要用这些信息的时候能回忆起来。用大家熟知的电子电脑的操作过程打个比方，识记阶段就相当于向电脑输入信息，保持阶段就相当于把信息存储在存储器中，再现阶段相当于从存储器里调用所需的信息。

再现阶段又可以分为遗忘、再认和再现 3 种情况。

2.2 艾宾浩斯遗忘曲线

遗忘就是随着时间的推移，记忆的内容慢慢地淡薄了，最后一直淡薄到无论怎么暗示都想不起来的程度。遗忘的程度与时间的关系又是怎样的呢？19 世纪德国心理学家艾宾浩斯（1850—1909）对此进行了深入的研究，得出著名的艾宾浩斯遗忘曲线，如图 2-1 所示。

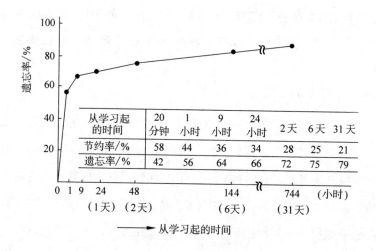

图 2-1 艾宾浩斯遗忘曲线

从以上曲线和数据可以看出,遗忘最快的时期是在识记之后一小时之内。由此可知,为了防止遗忘,必须尽早复习。

研究还表明,识记材料的性质、内容等都会影响遗忘的速度。一般来说,对于动作、技能等记忆的遗忘速度比较慢,一年以后只遗忘29%,而且稍加练习即可恢复。

2.3　瞬时记忆、短时记忆和长时记忆

根据记忆时间的长短,记忆可分为瞬时记忆、短时记忆和长时记忆3种。

(1) 瞬时记忆

瞬时记忆又称感觉记忆,是人们通过感官获取某些信息后在神经系统里的相应部位保留下来的。电影就是利用人的视觉暂留这种瞬时记忆特性,把本来是分离的、静止的画面呈现在脑子里,成为连续的动作。这种记忆往往是自己意识不到的,在脑子里存储的时间只有一秒钟左右。

(2) 短时记忆

短时记忆是指那些在脑子里存储一分钟左右的记忆。短时记忆在日常生活中经常碰到。例如要给一个不经常联系的人打电话,从电话簿中查到电话号码,电话打通了,但还没有等到电话打完就把电话号码忘掉了。又如报务员抄报,一边听着"嘀、嘀、嗒、嗒"的莫尔斯电码,一边在脑子里翻译成阿拉伯数字或拉丁字母并抄写在纸上。在这个过程中,听、译、写三者不是同步进行的,而是有一定的时间迟延,在听译下

一组电码的时候,手写的是上一组电码,等全部电文抄下来了,电文的内容也就全部忘记了。

从以上这两个例子可以看出,短时记忆常常和一定的操作活动相联系,操作结束了,准确的记忆内容也就消失了,所以这种记忆又称为操作记忆。

边记边忘的短时记忆不但是正常现象,而且是一件好事,否则一个报务员一天工作下来,脑子里要装进多少电码?

（3）长时记忆

同一内容经过反复记忆,就可以延长记忆的时间,把短时记忆转化为长时记忆,如图 2-2 所示。

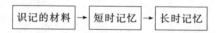

图 2-2　短时记忆与长时记忆的关系

短时记忆与长时记忆的关系本书只讨论长时记忆。有的长时记忆内容是经常使用的,有的只是偶尔使用。对于经常使用的内容的记忆,要熟到能再现的程度,能脱口而出,而且要一说一写就对。不经常使用的内容,只要用的时候能想起来就行了,想多长时间不是一个关键的问题。

2.4　机械记忆与意义记忆

如果被记忆的内容没有意义（例如一个单位的人员花名册、电话号码等）,只能靠机械的背诵进行记忆的称为机械记忆,也就是一般人常说的死记硬背。如果被记忆的内容有一定含义（例如物理定理等）,可以在理解的基础上进行识记的称为意义记忆。在意义记忆过程中,记忆者的脑子始终处于积极活动状态,因此记忆的效果特别好。有人进行过研究,发现它的效果比机械记忆高出 8～20 倍。

最能说明意义记忆特点的例子是下棋。一般人下棋,大都是看一步走一步,没有更多的思索,讲不出更多的道理,所以下完棋以后,记不住下每一步棋的过程。而训练有素的棋手,每下一步棋,都要看三步。即每下一步棋,都要估计到对方的反应、自己的第 2 步和对方的反应、自己的第 3 步和对方的反应。如果对方的反应出乎所料,又要重复以上看三步的过程。正是因为下的每一步都是有目的的,因而自然而然地深深地印记在脑子里。事后复盘,能一步不错地重现双方的每一步棋。

这里所说的"意义"是广义的,既可以是各种事物之间的联系,也可以是被记信息和已经记在脑子中的信息之间的联系等。

被记忆材料是不是有意义不是绝对的,而是可以互相转化的,关键就看记忆者的主观能动性了。例如一个本来意义很明显的材料,如果记忆者不用心去体会,而只知道一味地死记硬背,其记忆过程就必然是机械记忆。相反,一个本来没有什么意义或意义不明显的材料,如果记忆者用心去体会,去寻找其潜在意义的话,也有可能把似乎应该是一个机械记忆的过程变成意义记忆。

2.5 形象记忆、逻辑记忆、情绪记忆和运动记忆

根据记忆的对象,可以把记忆分为形象记忆、逻辑记忆、情绪记忆和运动记忆 4 类。形象记忆所要保持的是对象的具体形象,如人物的

面貌、自然景色、室内的布置等。逻辑记忆所要保持的不是对象的具体形象,而是事物的本质、规律及其关系,如对定理、公式等的记忆。情绪记忆是人对于发生过的情绪、情感体验等的记忆。运动记忆所要保持的是操作过的动作,如骑自行车、游泳等。

2.6 视觉记忆和听觉记忆

人们的记忆能力还有类型上的不同。例如,有的人对看过的材料容易记住,这叫视觉类型;有的人习惯于听,对于听过的材料记得比较牢,这叫听觉类型。

在实际生活中,各类记忆是互相联系的,对一个事物的记忆往往有多种记忆形式参加。一般来说,人的记忆类型是后天可塑的,用进废退,长期练习和使用某种记忆类型,该种记忆能力就可以得到提高。

第 3 章

增强记忆力的方法

3.1 要有信心

大量的记忆实践表明,信心对于提高记忆力是很重要的。没有信心的人,即使只有三四十岁,也会感叹自己"年纪大,记忆力衰退,记不住了",从而对所要记忆的内容失去兴趣。有信心的人,即使已经年逾六七十岁,在心理上也不会感到"记忆力衰退和记不住",因而对于所要记忆的内容兴致很浓。

3.1.1 人脑巨大的记忆潜力

质量不到 1.5 千克的人脑是很复杂的物体,它比任何一种人间已经有的机器都要复杂得多,它是我们之所以成为人、成为万物之灵的关键所在。大脑皮层是人类智力活动的物质载体,是记忆的载体,其厚度约为 2 毫米,面积约为 1.5 平方米。传统的神经解剖学认为大脑大约有 140 亿个神经细胞,但新的研究表明,大脑约有 10 000 亿个神经细胞,其中至少有 1000 亿个神经细胞参与智力活动,互相间有连接关系。

不论是 140 亿、1000 亿还是 10 000 亿,都表明大脑的潜在记忆能力是很大的。

由于近代研究手段的进步,最近几十年来,对于大脑的研究成果比过去几千年还要多。但是大脑的许多功能问题仍然是不解之谜。不少科学家认为人脑的结构和功能是迄今为止宇宙中已知物体中最复杂的,它本身就好像是一个小宇宙,可以不断地开发,永无止境。美国麻省理工学院的一位教授说:"倘若你一生好学,那么你大脑一生中储藏的各种知识,将相当于美国国家图书馆藏书的 50 倍。"也就是说,人的大脑可以容纳 5 亿多本书的知识。

3.1.2　目标明确决心大

正常人记忆力的潜力很大,但是没有明确的目标和一定的压力去调动记忆者的主观能动性,潜在的记忆力就不可能发挥出来。在记忆某一信息之前就认为自己记忆力差、记不住,因而降低了目标,这样一下子把潜在的记忆力封住了,根本谈不上发挥。与此相反,在记忆某一信息之前,对自己的记忆力充满信心,有明确的目标,又能对自己施加一定压力,这样都能达到目标。

因为有了明确的目标和一定要记住的决心以后,精神才会振奋起来,脑细胞的活动才会积极起来,才会集中自己的注意力于所要记忆的对象。如果在开始记忆某一信息时就自卑地认为"记忆力差,记不住"的话,不但脑细胞的活动会受到抑制,记忆力会变得迟钝,而且必然在记忆的时候心不在焉,虽然看着或听着所要记忆的信息,但心里却想着别的什么事。在这种情况下怎么能记得住呢? 有的人虽然还不到心不在焉的程度,但是记忆时漫无目的,记到哪儿算哪儿,没有一个明确的目标,效果也是不好的。

确定完成某一项记忆任务的时限是自我施加压力的一种好方法。有了时限,精神就会振奋起来,记忆效果必然好。

司机和乘客认路能力的差异也能说明压力对于记忆的作用。为什么司机都有很强的认路能力,去一个陌生的地方,只要跑一趟就能记住路,而一般坐车的乘客却不行,有的甚至坐车去了好几趟也记不住。难道挑选司机时进行过记路能力的考核吗? 或者所有的司机生来就具有很强的记路能力吗? 不是的。原因有两个:首先是责任在身,不记住不行,因而注意力集中。而乘车的人则无所谓,记住更好,记不住也没有关系,因而心不在焉,记忆力比司机好也不一定能记住。其次是司机们在实践中积累了一套记路的方法,例如记转折拐弯点的地形标志等。

据报载,第二次世界大战时美国兵空降德国前突击训练说德语的效果特别好,究其原因也是在于有压力,因为不会说德语的人空降后一下子就会被德国人识破,就要被俘,所以临战前训练时都很用心,所以都学会了。

结论:信心+决心=记忆力,

压力=记忆力。

3.2　要有兴趣和好奇心

大家都有这样的经验,如果漫不经心,一件事情即使重复好几遍也不一定能记住。相反,如果有兴趣,有好奇心,可能一次就记住了。

任何人都能对自己感兴趣的事情表现出非凡的记忆力。我们常常会碰到一些人，学习英语时单词记不住，似乎记忆力比较差，可是在别的方面却又表现出惊人的记忆力。

　　例如有的人对足球感兴趣，看电视实况转播时，只要听一遍解说员的讲解或者看一遍字幕，他们就能准确地记住运动员的名字。在比赛进行过程中，看着运动员身上的号码就能说出相应的名字，而这些人的名字读起来很像英语单词。由此可见，他们的大脑并不笨，记忆力并不差，对外语的反应也不迟钝，只不过对学习英语缺乏兴趣和好奇心罢了。有的人恐怕不光是没有好奇心和兴趣的问题，他们甚至厌恶和恐惧英语学习，一听到或看到英语就头痛，那就更谈不上兴趣和记忆了。

　　有的人只有三四十岁，就认为自己"年纪大了，记忆力差"。心理学家认为：一些中年人的所谓记忆力差，与其说是由于生理上的衰退，不如说是失去兴趣和好奇心所致。有关研究表明，人一生中各个年龄阶段，脑神经细胞均可生长发育，即使步入老年阶段也不例外。只要不断地供给大脑以新的信息，人的脑神经细胞仍可以不断地发育。

　　有了浓厚的兴趣和好奇心，就不会把记忆看成是一种枯燥无味的负担了，而会感到是一种很好的享受和业余消遣，别有一番乐趣，而且越记越想记。对于记忆方法和各种窍门也会越来越敏感，看到听到就能作出相应的反应，并从中吸取有用的东西。

　　例如，一位中年哲学教师觉得自己记忆力不好，在了解到我能背出圆周率1000位以后，来到我的宿舍，不无感慨地对我说，"你的记忆力真好，50多岁了还能记住圆周率1000位，而我只有40来岁，记忆力衰退了，电话号码都经常记不住"。为了引起他对于记忆圆周率的兴趣与好奇心,就非常肯定地对他说,"我可以在一小时内教会你背出圆周率100位"。他听后说,"我连五六位的电话号码都记不住,怎么可能在一小时内记住圆周率100位?"随后我就按照第5章介绍的方法,以一句话为单位,向他口述那个100个汉字的故事,在他记录下每句话的汉字以后,由他自己把它们译为阿拉伯数字。结果不到50分钟,他就能慢慢地背出圆周率100位了。此时他非常兴奋,离开时向我索要圆周率前500位,说要在一个星期内把它背下来。果然,5天以后他背出了500位,从此他再也不说自己"记忆力衰退了"。

由此可见:对于智力发育正常的人来说,对所要记忆的东西有多高的兴趣和怀有多大的好奇心,就会表现出多强的记忆力。

结论:兴趣＋好奇心＝记忆力。

3.3　集中注意力

人们经常说盲人记忆力好。为什么呢? 主要是因为他们失明以后,看不见了,活动的范围受到了限制,分心的事少,因而能集中注意力于听觉和对听到信息的加工整理方面,记忆力必然比一般人强。

不集中注意力,再聪明的人也不一定能记住很多信息,漫不经心是记不住东西的。很多人记忆力差的原因非常简单,就是没有用心去记。例如,每天上下楼梯,不知道走了几百遍、几千遍,但如果不用心,就不一定知道一共有多少级,如果用心计数,只要走一遍就可以知道有多少级。由此可见注意力集中与否对记忆的重要性。

集中注意力,就要把记忆某一项信息作为一件事情来办,例如到了一个新单位记人名,碰到人就要问对方叫什么名字、干什么工作、学历情况、工作经历和亲属情况等,并且尽量记住。

在集中注意力的同时还要积极思维,多想想记忆的信息有什么特点和记忆线索,以便在大脑中留下深刻的印象。

对于智力发育正常的人来说,能集中多强的注意力于记忆信息,就会表现出有多强的记忆力。这种情况很像光线通过凸透镜、平面透镜和凹透镜后产生的3种截然不同的结果。

有的人对待记忆非常专心,能集中注意力于要记忆的信息,研究其特征和记忆的要领。这样的人相当于凸透镜,能聚焦,能把多束光线的能量聚合于焦点,把纸张一类物品置于焦点处,就会燃烧起来。

有的人对待记忆问题,既不是很分心,也不是特别专心,记住多少算多少,完全处于自发状态。这样的人相当于平面透镜。平行光线通过平面透镜不能聚集,即使阳光十分充足,花费再长的时间,置于焦点处的纸张一类物品也不可能燃烧。

有的人记忆时三心二意,则相当于凹透镜,使进来的光线向更大的范围散开,镜子后面感觉不到有什么热量,更不可能使纸张一类物品燃烧起来。

进来的平行光线意味着什么?意味着时间,意味着自己头脑里的各种知识,意味着众人的智慧等。通过透镜,把可以利用的时间都利用起来去背记某一项信息;通过透镜,把自己所具有的各种知识都用来研究某一项信息的记忆规律和记忆窍门;通过透镜,把众人在记忆方面的智慧集中起来,以提高自己的记忆力。

结论:注意力=记忆力。

3.4　贵在开窍

人的大脑有这么大的潜力,就一个人的有生之年而言,开发和利用的程度如何呢? 各种资料上讲的数值不完全一样,有的认为用了十分之几,有的认为只用了几十分之几。不论采用哪一个数据,都说明人脑的潜力是很大的,关键在于后天的开发,把潜力转化为现实力。

人们往往用一个人儿时智商的高低来描述其先天的智力水平,这种学说近来也受到了质疑。美国纽约康奈尔大学心理学教授塞西对赛马场上的赌徒进行了调查,发现他们中的很多人儿童时期的智商虽然在 80 以下,却能根据马匹、骑手、气候、场地等要素,迅速准确地判断出获胜的马匹,他们的抽象推理能力使儿时智商高达 130 的人望尘莫及。又如家庭主妇的文化程度可能没有她们的子女高,她们儿童时期的智商也不一定比子女高,但在采购日常生活必需品时的心算能力却比子女要强得多。所有这些都说明,专门的兴趣和爱好、丰富的实践经验等后天因素,对于智力发展有巨大的作用,这就是儿时智商不高的人后来锻炼成有特殊才能的人的原因所在。

由此可见,人脑的结构和作用机制无比复杂,能存储信息的潜在能力很大,而我们目前所认识和开发的仅仅是它极小的一部分。对于一个人的有生之年来说,人脑的记忆力是开发不尽的,能记住多得难以想象的信息量。一个智力发育正常的人,只要努力,都能极大地增强记忆力。例如,美国第 50 届西屋电气公司科学奖前 10 名获奖者中,华人学生有 4 名,占 40%,而华人人口仅占美国总人口的 0.4%。这是什么原因呢？是华人天生就比别的人种聪明吗？不是，主要是刻苦努力的结果。据有关资料介绍，华裔学生每周在家做功课的时数为 11.7 小时，而白人为 8 小时，黑人仅为 6 小时。

我们可以把人脑先天记忆的潜力和表现出来的现实力比喻为电脑的硬件与软件。假定有两台电脑，一台为 Pentium 4，另一台为 Pentium Ⅲ。众所周知，Pentium 4 电脑的硬件环境要比 Pentium Ⅲ 强得多。但是如果不对其进行二次开发，装入各种软件，它的现实能力和智能水平可能还不如一个二次开发搞得很深的 Pentium Ⅲ。例如把这台 Pentium 4 电脑放在财务部门，专门管理工资发放，装入的仅仅是一些简单的加减乘除软件，在这种情况下尽管它的功能潜力很大，但是表现出来的现实力却是很低级和很有限的。而另一台 Pentium Ⅲ 电脑则进行了充分的开发，装入了各种先进和复杂的软件，例如装入了词典软件，因而能校对英语单词拼写是否正确，并能在发现拼写有误时提出许多正确拼写建议供使用者挑选，其准确程度和英语水平绝不亚于水平很高的专业英语工作者。在这样两台电脑面前，就其现实表现出来的能力和智能水平而言，人们一定都会认为那台二次开发进行得很充分的 Pentium Ⅲ 比二次开发很有限的 Pentium 4 要强得多。对于不了解电脑档次与这两台电脑的二次开发过程的人来说，可能还会认为 Pentium Ⅲ 电脑的档次比 Pentium 4 还要高呢！

人脑的记忆潜力与表现出来的现实记忆力之间的关系又何尝不是这样呢？对于大多数智力正常的普通人来说，是不是可以认为人脑的结构大体上是相同的，"档次"基本上也是相同的。可是由于后天努力程度的不同，每个人表现出来的现实记忆力可能会有很大的差别。

退一步说,即使有的人自认为自己大脑的先天条件(即所谓天赋或天资)不如别人,但是只要肯努力,不断地通过学习往大脑里装各种知识(即软件),说不定会赶上或超过那些先天条件比自己强的人。

　　把记忆潜力转化为现实力的关键就是开窍。没有开窍的人脑就相当于高山湖里的水,蕴藏着巨大的能量,但是受到四周崇山峻岭的阻隔,这些能量释放不出来。所以它们只是潜能,而不是现实能。如果能在周围的山上"开窍",打洞引水,就可以把潜在的水能转化为现实的电能。人脑的开发过程就很像这种情况。人脑有着巨大的记忆潜力,但是被各种各样的"高山"(各种偏见、自卑感、条件论等)阻挡着,发挥不出来,表现出来的只是极为平平的记忆力水平,往往既不被自己所认识,也不会被别人所承认。但是一旦在这些无形的"高山"上凿了孔,"开了窍",就一定会表现出不平凡的记忆力水平,前后判若两人,不但会使别人感到难以理解,有时连自己也会感到惊奇,原来自己大脑的记忆潜力这么大!

　　怎样才能开窍呢? 主要可以从学习书本知识、反复练习和归纳总结这 3 个方面着手。

3.5　学习书本知识

　　要提高记忆力,首先要学习几千年来前人总结的有关记忆的书本知识。这个问题我们可以从两个方面来看。从纵向的人类发展过程看,有文字记载的历史已经好几千年了,而一个人一生只能学习和工作几十年,几十年与几千年相比,是很有限的;从横向看,当今全世界人口有 60 多亿,而单个的个人就是 1 个,1 与 60 多亿相比,更是很有限的了。所以必须重视学习书本知识,学习人类几千年、全世界几十亿人的经验。学习了书本上有关记忆的各种方法以后,就会开窍,就会入门,就会使自己大脑变得聪明起来,记忆力就会增强。不能什么事情都靠自己去总结,否则花了很大的力气,总结出来的东西还不一定如书本上的来得系统和理论化。

例如,1986 年某日,某医学研究机构到我所在的单位来测试中年人记忆力情况。待测人员在房间的一侧入口处等待,测验完毕的人从另一侧出口退出,不得与待测人员交谈。我进入房间后,测试人员指着桌子上放着的 10 张看图识字小卡片说:"留心观察 3 分钟,然后默写出卡片上物件的名称,能写出 6 种以上的就及格了。"我看了 3 分钟后提笔写出了全部 10 个物件的名称。测试人员感到非常奇怪,笑着对我说:"前面没有一个人能写出全部 10 个物件名称的,是不是考核过的人出门以后提示过你?"我笑着回答说:"如果有人能在出门以后把这 10 张卡片的信息全部记住,说明他的记忆力不错;他说给我听,我也能记住,说明我的记忆力也不错。"

为了进一步搞清我是如何记住的,他们又换了 10 张,看了两分钟后我又写出了这 10 张卡片上物件的名称。我介绍说我正在阅读日本人写的《记忆术 88 法则》(高木重朗,书泉出版社)一书,其中有一节专门介绍几千年前古希腊与古罗马人总结出来的记忆链法、编码记忆法和场所记忆法,专门用来记忆没有内在联系的多个事物,正好用来记忆小卡片上的物品名称。他们听后感慨地说:"看来这种测试方法只能测那些不学习记忆方法的人。"

这也许就是孔子所说的"终日不食，终夜不寝以思，无益，不如学也"的道理吧！

不少人从小学、中学到大学，学了各种各样的课程，可是从来没有系统地学过记忆方法，记忆潜力没有转化为现实的记忆力，不但学习期间因记忆力差而感到难以招架，而且可能终身受累。

有关记忆方面的书很多，根据自己的情况适当地阅读一些，一定会很有启发。只要按照各种记忆书籍介绍的方法，踏踏实实地一步一步照着去学、去练习，记忆力一定会有很大提高。

在学习书本知识的同时，还要留心学习周围群众创造出来的各种记忆方法和记忆窍门，在平常谈话或研究工作时，如果发现别人对于某些信息很熟，脱口而出，就要向他们请教，看看他们是怎样把这些信息记忆在大脑里的。

结论：记忆方法＋窍门＝记忆力。

3.6　反复练习

记忆的方法很多，但是要想真正掌握，必须反复练习，多记多背。大脑是越用越好用，越用越灵的。

对于工作、生活和学习中经常用到的重要信息要经常复习，要善于利用坐车、等车、饭前、饭后、就寝前等零碎的时间不断重复，使之熟到能脱口而出的程度。

对于某一种记忆方法掌握程度可以分为"会"、"熟"、"化"三个层次。看了书籍上介绍的记忆方法以后，了解了它的要领，算是"会"；此后不断练习,就可以进步到能因地制宜应用的"熟"的程度;随后再不断应用,就能到达信手拈来的"化"的程度,并能把各种记忆方法综合在一起。

只有对所记的信息熟到"化"的地步以后,才有可能明察秋毫,才能注意到细节,才能找到特殊的记忆窍门。

为了锻炼记忆力,可以经常背记自己感兴趣的语文和外语,也可以背记一些看起来似乎枯燥无味的数字,例如圆周率一类的东西。

经常背记就能增加背记的能力,形成一种习惯,进而会对背记发生浓厚的兴趣,碰到一些新的东西就会自然而然地想办法记住它。

"运用之妙,存乎一心"。学习各种记忆方法的关键在于多练习,并在练习的基础上灵活运用。听别人讲记忆方法或看书,自己似乎也明白了,但不一定会用。要真正会用,必须要不断练习。

在学习各种记忆方法时,对于同样的一个记忆信息,就要反复地用各种不同的方法去找记忆的窍门。只有通过这样的反复练习,才能体会某一种方法的实质。

3.7 归纳和总结

归纳与总结的过程就是寻找记忆对象规律的过程。规律是事物本质的东西。找到了规律,就把干扰记忆的"垃圾"都去掉了,从而减少需要记忆的数量。人们在记忆的实践中常常有这样的体会:在刚开始接触某一需要记忆的内容时,觉得需要记忆的信息量很大,一旦把本质抓住以后,似乎很简单,就是那么几条。

用心寻找记忆对象的规律非常有助于记忆。因为在用心寻找记忆对象的规律过程中不断地与记忆对象接触,这本身就是一个反复的复习过程,不知不觉地加深了记忆。一旦找到了规律,就是找到了各种记忆对象之间的联系,便于举一反三,利于记忆。

也许有的人认为花这么多时间去寻找规律,还不如直接去记忆的效果好。其实不然。

要想找出规律,就要对被记忆的信息进行分类整理,进行归纳和总结。把那些看起来是无序的记忆对象加工改造成有序的,把无理的加工改造成有理的,把无节奏的加工改造成有节奏的,把无形象的加工改造成有形象的。经过整理的信息就好像是成串的葡萄,需要的时候一提就是一大串;而没有经过加工的信息就好像是一颗一颗的葡萄珠,互相之间没有有机的联系,需要用的时候只能一颗颗地提取,不但速度缓慢,而且必然丢三落四。

能不能找出规律的关键在于多思,俗话说"多思出智慧",对于任何一个看起来似乎没有什么规律可循的内容,只要用心去多思,就一定能找到有助于记忆的规律。古今中外此类例子很多,例如门捷列夫找到看起来似乎杂乱无章的化学元素周期表,王永民在分析成千上万汉字笔画的基础上发明了五笔字型汉字输入法等。

人脑记忆事物的方式与电脑不同。在电脑里,各种信息是孤立地存储着的,而在人脑中,记住的各种信息以独特的方式互相联系着,例如往往在记住某一重要信息的同时,有意或无意中也记住了与重要信息同时发生的一些不重要的信息(甚至是微不足道的信息)。例如想起某次会议情况时,会准确地想起谁在场、说了一句什么话和其他一些细节等。而且人们事后回忆重要信息时,首先出现在脑海里的也往往是这些似乎微不足道的信息。

"内行看门道,外行看热闹"。经过一段时间的训练,总结归纳和找规律的能力会得到提高,会成为内行,能从外行很难找到记忆规律的信息中很快找到很有道理的记忆规律和记忆窍门。

总结和归纳时最好能动笔写,而不要只用大脑想。因为只有写在纸上,才会澄清一些似是而非或互相矛盾的东西。有些事情,光在大脑里想,似乎头头是道,没有什么不合适的地方,但是一写在纸上,就能发现不严密和不确切之处。

结论:总结＋归纳＝记忆力。

3.8　勤用脑有益健康

有人担心记的东西太多会用坏大脑。这种担心是不必要的。如同经常进行体育锻炼有益于身体的健康一样,经常不断地动脑筋和记忆背诵一些东西有利于提高和保持大脑的记忆力。

人们常说"生命在于运动",提醒人们要注意体育锻炼。然而人体的所有机体都是受大脑控制的,机体的衰老首先从大脑开始,所以从一定意义上讲,可以认为生命在于脑运动。所谓脑运动,就是人们常说的肯动脑筋和善于动脑筋,开展积极的思维。动脑筋可以增加脑部的血流量,这样不但可以延缓脑细胞的衰老过程,而且还有利于保持健全的思维能力。有人做过统计,肯动脑筋、善于动脑筋、开展积极思维的人的记忆力比不肯动脑筋、不善于动脑筋的人要强几倍乃至几十倍。日本科学家曾对200名20～80岁的人进行跟踪调查,发现经常用脑的人

60 岁时的思考能力仍像 30 岁时那样敏捷,不会出现反应迟钝现象,而那些三四十岁就不肯动脑筋的人,脑细胞的老化程度加快。

美国老年协会曾做过有趣的实验,证明肯动脑筋和善动脑筋有利于身体健康。他们从不同的养老院中任意挑出平均年龄为 81 岁的人,分成三组:第一组进行积极的思维训练;第二组进行"松弛"训练,尽可能放松身心;第三组不进行任何训练。3 年后,第一组中无一人去世,第二组中有 12.5%的人去世,第三组中去世者占 37.5%。不少年事很高的脑力劳动者不仅思路敏捷,而且健康长寿。有人对 16 世纪以来欧美的数百位伟人进行了研究,发现最长寿的是科学家,平均寿命为 80 岁。其中牛顿 86 岁,爱迪生 85 岁,爱因斯坦 77 岁。由此可见,多从事脑力劳动能长寿。经常进行脑力劳动的老年人,其大脑萎缩程度比同龄人要小。

在以色列,医生们正尝试通过学习外语以防止记忆力衰退。研究发现,从事脑力劳动,尤其是学习外语的中年人,几乎不会受到记忆力突然衰退的困扰。例如,一位名叫谢尔盖·马斯捷帕诺夫的人,懂得 69 门语言,虽然年逾八旬,仍不中断外语学习,这既是他的人生乐趣,也是他保持绝佳记忆力的不二妙方。

3.9　具体方法

3.9.1　联想记忆

有的心理学家认为,记忆的最基本规律就是把新的信息和已知的信息进行联想。能不能在看起来似乎没有什么联系的事物之间建立起某种联系呢？回答是肯定的。有关研究表明，任何一个事物都和平均10个左右的其他事物直接相联系，经过4～5次"中介"以后，该事物即可与10万个左右的其他事物相联系。所以任何两个互不相关的事物经过若干个"中介"以后都是可以联系在一起的。

由联想形成的记忆称为联想记忆，把各种事情联系在一起的思路称为记忆链。只要能想起这个记忆链中一个环节的内容，就可以顺藤摸瓜，回想起其他环节的内容。一般人可能都有这样的体会：要办一件事，但忘记了，怎么也想不起来，突然在某种情况下触景生情（听到或看到了与这件事有联系的信息），就会清楚地回忆起来了，这就是联想记忆。

如果记忆链很长，可以分成若干个短的记忆链。

形成联想记忆的方式有两大类：一是自然联想，二是荒谬联想。

1. 自然联想

所谓自然联想，是指事物之间在时间、空间、条件、因果、特征（本质特征或表面特征）诸方面客观存在的联系。

事物在时间上互相联想是指在时间上同时或先后依次发生。例如：1840年第一次鸦片战争—1911年辛亥革命—1937年抗日战争爆发—1945年抗日战争胜利—1949年中华人民共和国成立。

事物在空间上互相联想是指在同地点或相邻的地点发生。例如，想到西汉定都长安（西安）时，就会想起也定都于西安的唐朝和在西安附近咸阳建都的秦朝。

空间上和时间上的联想是经常混合在一起的。例如，两位分别多年的老同学相聚畅谈当年在校的情况时,其他同学的名字和音容笑貌以及各种有趣的事情都会一齐浮现在脑海里。

在条件上互相联想。例如,一想到第三世界,就可以把中国和非洲的任何一个国家联系起来。

许多事物之间的因果关系有利于记忆。例如,看到越洋足球实况转播,就会想到卫星和发射火箭等。

特征上互相联想是指不同事物在本质特征或表面特征上或相似或相同或相斥或互相矛盾。

2. 荒谬联想

荒谬联想就是非自然的不是客观存在的联想。例如,把铅笔荒谬地认为是撑杆跳高用的撑杆,把自己想象成是一个能做高难动作的杂技演员,一步登上月球等。

进行荒谬联想时常用以下方法:

(1) 夸张。把需要记忆的东西进行夸张,使其缩小、放大、增多、减少、加粗或变细等。

(2) 荒谬化。想象得越荒谬、越离奇、越可笑,印象就越深,记得就越牢。

(3) 尽量使想象出来的东西有节奏地动起来,因为有节奏的、动着的东西在大脑留下的记忆比静止的或没有节奏的东西深刻。

3. 记忆链

把两个以上的事情用联想记忆的方法串起来形成的记忆思路称为

记忆链。例如,中学语文里收录鲁迅写的文章有《狂人日记》、《孔乙己》、《一件小事》、《故乡》、《社戏》等,不太容易记住,但是编成下面的记忆链,就很容易记住:《狂人日记》写的是《孔乙己》,他做了《一件小事》,回到《故乡》,看了一场《社戏》。

又如,上街办如下几件事:

买乒乓球、钢笔、袜子、收音机、肥皂、电子表,给父母打长途电话……

可以设想以下记忆链:设想自己是一个爱好打乒乓球的人,要去买"乒乓球"准备组织一场比赛→商店里缺货,店主拿出"钢笔"让自己在缺货本上登记→"钢笔"漏水,一滴墨水滴在自己新买的一双名牌"袜子"上→正在发愁怎么把墨水洗掉时,"收音机"里传出某工厂正在有奖销售一种能洗掉墨水的特制"肥皂"的消息,奖品为"电子表",该工厂正好位于父母亲所在的城市→立即"给父母打长途电话",请他们速购一块……

设计记忆链时离不开想象,丰富的想象力是良好记忆力的基础。想象得越生动,记忆越容易、越牢固。

联想面的广度与一个人的阅历和知识面有关系,但是只要开动脑筋,即使是沿着某一个很狭窄的题材范围进行联想,也有可能得到丰富多彩的结果。

例如,把九大行星的汉语名称编成一个如下记忆链,也可准确地依次记住其名称:从地球出发向太阳飞去,温度越来越高,"金子(金星)"都要熔化成"水(水星)";从地球出发向冥王星:"火(火星)"烧"木(木星)"成"土(土星)",上"天(天王星)"下"海(海王星)"见"阎王（冥王星）"。

2006年8月24日国际天文学会会议决定，取消Pluto的行星资格。八大行星的汉语名称依次可编成以下记忆链：从地球出发向太阳飞去，温度越来越高，"金子（金星）"都要熔化成"水（水星）"；从地球出发向海王星："火（火星）"烧"木（木星）"成"土（土星）"，上"天（天王星）"下"海（海王星）"。

4. 记忆挂钩

用记忆链或记忆环的方法，能顺着链，一个环节接着一个环节地回忆出每一个事物，但是并不注意记住事物的序号。如果要求记忆的事物有一定的顺序要求，就应该采用挂钩法。

所谓挂钩法就是把1、2、3、4、5等数字拟物化为某些记忆深刻的事物，作为挂钩，然后再把需要记住顺序的事物逐个对号入座，挂在挂钩上，回忆时只要一想起是什么事物，立即能想起挂在第几号挂钩上。

在4.4节中介绍了很多与数字相像的事物，为了不混淆和能很快地回想起来，可以采用下列最直观和最形似的事物：

1　像棍棒、铅笔

2　像木工的折叠尺

3　像耳朵、花生壳

4　像尖刀、帆船

5　像秤钩、镰刀

6　像勺、铁锹

7 像锄头

8 像眼镜、带壳花生

9 像锤子

0 像花生米、眼镜片

下面是一个应用实例。需要记忆的有序事物和挂钩的对应关系如下：

序号	事物	对应的挂钩
1	轮胎	棍棒
2	水龙头	小鸭子
3	桥墩	耳朵
4	饭勺	帆船
5	雨伞	秤钩
6	水泥	铁锹
7	木板	锄头
8	名片	眼镜
9	苹果	锤子
0	日记本	花生米

怎样把需要记忆的事物往挂钩上挂呢？可以采用前面介绍过的联想记忆。当然有的联想可能是合乎逻辑的，有的则可能是荒谬的，例如：

1 两个人用一根"棍棒"抬着一个"轮胎"或一个人用一根"棍棒"挑着一对"轮胎"

2 打开"水龙头"放水到一个盆里供"小鸭子"游泳

3　把"耳朵"贴在铁路桥的"桥墩"上,听听有没有火车开过来

4　用一个巨大的"饭勺"做"帆船"的桅杆

5　用"雨伞"的弯把代替"秤钩"

6　用"铁锨"装"水泥"

7　用"锄头"挖地基,准备盖一个"木板"房

8　戴着"眼镜"看"名片"

9　用"锤子"把"苹果"砸成"苹果泥"

0　一边吃"花生米",一边用"日记本"记日记

把这样的对应关系在大脑里重复几遍以后,应用时能很快说出某一件事物的序号。

如果需要记忆顺序的内容多于 10 个,可以采用异地挂钩法,即所用的带有序号的挂钩名称不变,但是把它们设置在不同的地方。假定需要 20 个挂钩,可以把前 10 个挂钩设置在国内,后 10 个挂钩设置在国外。由于一般人的口头语都说"国内外",也即先国内后国外。如果需要的挂钩超过 20 个,则可以把第 1～10 个设置在国内,第 11～20 个设置在亚洲(比方说在日本),第 21～30 个设置在非洲(比方说在埃及),第 31～40 个设置在拉丁美洲(比方说在巴拿马),第 41～50 个设置在欧洲(比方说在英国),第 51～60 个设置在北美洲(比方说在美国),等等。这个顺序符合人们的口头语"亚、非、拉、欧、美"的顺序,所以也不会混淆。

也许有人会说,今天已经有了像电脑这样神奇的"烂"笔头,需要记忆的事情再多,互相之间再没有联想,只要把它们用"烂"笔头记载下来就行了,何必费这么大的劲去学习记忆链等一类方法呢?是的,正如第

9章所指出的,笔者主张记事本随身带,即使只有一件要办的事,也要清清楚楚地写在记事本上。这样,记忆力再差的人也能把该办的事情办了。

既然这样,还有必要学习记忆链等一类方法吗?有必要,这两者之间的关系很像体育锻炼时练长跑,而实际办事时却乘现代化交通工具。通过练长跑,增强了体质,才能精神饱满地进行工作和学习;通过练长跑,具备了长距离行走的能力,必要时(在没有现代化交通工具的地方,或者现代化交通工具有了故障不能运转等)才能到达目的地。练习记忆链一类记忆方法,有利于人脑智力的开发和锻炼,其作用会在别的脑力活动中表现出来,在不能用"烂"笔头的时候(身边没有"烂"笔头和虽有但来不及记载等),也能把需要记忆的事情记住。

有的人对应用联想记忆法缺乏信心,认为自己知识面窄,生活阅历少,没有足够的联想余地。其实任何一个智力正常的人的联想余地都是无穷的,关键在于是不是掌握了联想的方法与开动了脑筋。例如,笔者辅导过一些学前儿童背记圆周率,他们创造出了一些以儿童生活与语言为基础的顺口溜,很快记住了500位。

3.9.2 千虑必有一得

记忆的本质是联想,但是有的人被"阅历浅、知识面狭窄,联想不了"一类的消极思想压住了自己的想象力,从而信心不强。其实留心处处皆窍门,任何一个智力正常的人,大脑里现有的知识足以进行海阔天空的想象和发挥,而且只要反复思考,必有一得。以下是一些例子。

1. 书刊上介绍的例子

各种有关书刊上介绍的有关令人感叹不已的例子很多,例如:

(1)漫画家方成在看到一张照片上有三个儿子和妻子时说:"儿、儿、儿、妻,2227,我家的电话号码。"多么风趣和巧妙!

(2)中央警卫团的番号为8341,有人非常巧妙地与毛主席的经历联系起来,称"毛主席活了83岁,从1935年遵义会议算起,到1976年去世,正好领导中国共产党41年"。

(3)有人用心寻找出毛泽东一生中的3个9月9日。第1个是1927年9月9日,毛泽东被清乡队捉住,押往团防局处死,后买通押送的人才得以逃脱。第2个是1935年9月9日。此时长征处于最艰难的时刻,红军可能因内部分裂而覆灭,毛泽东说这是他一生中最黑暗的日子。第3个是1976年9月9日,毛泽东逝世(详见《苦难辉煌》,金一南著,华艺出版社)。

(4)2003年10月15日,我国成功发射"神舟五号"载人飞船,有人把它与毛主席的《重上井冈山》一词联系起来。该词作于1965年,词中有"三十八年过去"、"弹指一挥间"、"可上九天揽月"和"可下五洋捉鳖"等句。其中"三十八年过去"正好印证了发射年份,因为1965+38＝2003,其他几句中的数字印证了15日,因为1+9+5＝15。

(5)中国共产党党内各次路线错误的领导人名字依次为陈独秀、瞿秋白、李立三、罗章龙,有人就风趣地找到以下记忆线索:"陈独秀"三个字中有"独"字,故为"第一次";"瞿秋白"三个字中的"瞿"字有两个"目",故为"第二次";"李立三"三个字中有"三"字,故为"第三次";

"罗章龙"三个字中的"罗"字有个"四",故为"第四次"。

（6）美国在发动入侵伊拉克的战争以前,提出了710个需要澄清的问题。有的记者指出710倒过来看就是OIL,说明美国所谓的伊拉克问题的实质就是"石油"问题。

（7）某年,G8峰会在法国的埃维昂（EVIAN）开会,讨论世界经济问题并发表公报。有的记者称"不要太天真地相信他们说的话",因为EVIAN这个字倒过来就是NAÏVE（天真）。

（8）韩国起亚（KIA）汽车公司一度面临破产,有人就调侃说因为公司的名字取得不好所致,因为KIA是Kill In Action（阵亡）的缩写。

（9）克林顿卸任后出了一本书,名为 *My Life*（《我的生活》）,有的评论员称其中有些事情不真实,因此他们就把Life一词中的f去掉,使之成为 *My Lie*（我的谎言）。

（10）张学良38岁时被蒋介石扣押到83岁,互换位置。

2. 笔者经历的例子

笔者亲身经历的例子也很多,以下是其中的几个：

（1）笔者1990年初到南京某学院工作,经常在一起开会的6位领导人都是先后从全军各部队调来的,此前互不相识。每个人的名字都是3个字,院长名字的第2个字为"代",政委名字的第2个字为"祖",后勤部长名字的第2个字为"继",政治部主任名字的第2个字为"承",我的名字的第2个字为"道",另一位副院长名字的第2个字为"德"。把全部名字的第2个字正好组合成一句便于记忆的话："代祖继承道德",即"（世世）代（代）祖（祖辈辈）继承道德"。这句话中的每一个字都没有应用谐音,而且它的释义一点都不勉强,难道我们6个人命中注定要在一起共事吗?

(2) 笔者新得一手机 SIM 卡,最后 7 位数是 1002280。当时在另外一个人的帮助下,用 100 元的电话卡向其充值,试了两次都没有成功,第 3 次才成功。冷静下来一想,这个过程正好就是这个电话号码的寓意,100 表示充值 100 元,22 表示"两"人试了"两"次,80 还是"不通"。

(3) 1998 年我花钱为家人购买了一部手机,最后 7 位数是 1209845。此号码的寓意正好表明手机的用途和购置过程,120 谐音"要你灵",98 表示 1998 年,45 表示"是我"花钱购置的。

(4) 笔者的挂号证号码为 61549。61 的谐音是"留医";笔者 1934 年出生,属狗,正好是 549 的谐音。似乎此号码非我莫属。

(5) 笔者在记忆英语单词时经常碰到一些难以记住的词,最后经常反复思考都找到了记忆线索,有的还很巧妙。以下是两个例子:

例 1 euthanasia(安乐死)。

刚碰到这个词时,在很长一段时间内不能准确记住它的拼写,一有空就琢磨。一日傍晚,边散步边听英语新闻广播,其中有一条新闻说荷兰政府准备立法,使安乐死合法化。当时在我国媒体上,偶尔也讨论安乐死是不是合法的问题,但远远不到立法的程度。由此想到,可以把 euthanasia 这个词分解成 eu、than、asia 三个部分,其中 eu 为"欧洲联盟 European Union 的缩写"(荷兰为欧盟成员国),than 为"比",asia 为"亚洲"。于是可记成"在推行安乐死方面,欧洲联盟(荷兰)比亚洲先走了一步"。

例 2 incarnation(灵童转世)。

上一世班禅圆寂后,英语新闻报道中经常使用 incarnation 一词。一次一位大学生问我怎样记住这个词,由于平时很少接触此类词,因此当时说不出记忆的方法,后来经常反复思考,依照以上记忆 euthanasia 的方法,把它分解为 in 和 carnation 两部分,in 意为"在……之内",carnation 意为"康乃馨",于是可荒谬联想记忆为"转世在'康乃馨'里"。我把这方法告诉那位大学生时,他连声称奇。

众多英语记忆书籍收录了以上两个例子介绍的记忆方法。

3.9.3 与信息属性挂钩

对于记忆的基本要求有 3 个方面,即记得快、记得牢、记得准。有的记忆方法能解决记得快和记得牢的问题,但是解决不了记得准的问题。例如记忆电话号码 841599,采用谐音法,其谐音即为:"不是要我舅舅",很上口,因而很快可以记住,而且记得很牢,能一个号码不错地重复出来。如果在记住"不是要我舅舅"这句谐音语的同时不与被记忆信息的属性挂上钩的话,过不了多长时间,虽然记住了很上口的"不是要我舅舅"(841599)的电话号码,但是却想不起来这个号码是谁的。很显然,这样的记忆是没有什么实际用途的。所以在解决记得快和记得牢的同时,还要解决记得准的问题。与被记信息的属性挂钩进行记忆是解决记得准的问题的最好方法。

这里所说的被记信息的属性,是广义的。世界上各种事物都是互相联系的,只要充分发挥自己丰富的想象力,海阔天空,异想天开地去想,都有可能与被记信息的属性挂上钩,只不过有的合乎逻辑,有的不太合乎逻辑罢了。读者在看完本书有关圆周率一节以后一定会坚信这一点。

与被记信息的属性挂钩的方法详见第4章。例如,在记忆"不是要我舅舅(841599)"的同时努力寻找该电话号码的主人与自己舅舅的异同点,以"是要某某某,不是要我舅舅"的口诀进行记忆,也就记得准了。

3.9.4 辨异记忆

联想记忆能记住和回忆起信息的大概情况,但不一定能准确地记住和回忆起信息的每一个细节,而有的细节往往是某一个事物区别于另一个事物的关键所在。要记得准,就要把容易混淆的事物细节放在一起进行对比,找出每个事物的特殊点,从这些特殊点入手去记忆,这种记忆方法就是辨异记忆。例如自己的"己"、已经的"已"和干支次序表中的"巳",这3个字不太容易区分。仔细观察辨异以后,可以用不封口为"己"、半封口为"已"、全封口为"巳"来记忆。

又如,戊(wu)、戌(xu)和戎(rong),从形状上看,没有一横是"戊",短横不出框是"戌",出框是"戎",也可以从历史上有名的"戊戌变法"去记忆。

英语单词中拼写相同但读音和意义不同的单词很多,拼写大体相同的单词就更多了,学习时稍不注意就会混淆,采用辨异记忆则可以有效地解决这个问题。

3.9.5 纠错记忆

通过纠错进行记忆的效果非常好。人们在记忆过程中,总免不了有记错的时候,把错误的信息和正确的信息放在一起进行对比,会在大脑中留下很深的印象。

反复纠错记忆的应用范围很广,例如把英语单词 satellite 记成了 satelite,少了一个 l,发现以后就应该一边读(或写)正确的拼写,一边在嘴里念着(或在大脑里默读)"不是一个 l,是两个 l"。如此连续不断地重复纠正十几次以后,就可以在大脑里留下深刻的印象,以后每当碰到这个词时,"两个 l"这个形象立即会浮现在脑海里,再也不会只写一个 l 了。

记忆英语单词的语音也是一样,发现读音有差错时要大声地朗读正确的读音十几遍,并且每读一次正确的音就否定一次原先错误的读音,以便在大脑里留下深刻的印象,做到一读就对。

3.9.6 抽象内容形象化

人脑有丰富的想象力,可以把抽象的事物形象化,而形象化的内容很有利于记忆。利用谐音法记忆数字时也要尽量使之形象化。例如,用谐音法把圆周率小数点后面的 100 位编成顺口溜,一个小时内就可以记住(详见第 5 章)。

3.9.7 多个器官并用

外界的现象通过人的眼、耳、鼻、舌、身这 5 个器官反映到大脑里,形成了视觉记忆、听觉记忆和运动记忆等不同的记忆类型,各有各的特点,我们在识记各种事物过程中,要多个器官并用,不可偏废。

人们在回忆印象深刻的往事时,常常会觉得一幕幕情景历历在目,这就是视觉记忆的作用结果。就拿学习英语来说吧，不出声地默读几遍课文以后，对于每一个英语单词，总会在大脑里留下一些视觉记忆：这个词大体上在课文的哪个部位，在词汇表的前部、中部还是后部，后面的汉字解释有几个，等等。如果反复地边听录音边看书或边默写录音内容，熟练到一定程度以后，每当听到英语声音时，大脑里就会浮现出一行行英语文章，阅读文章时，耳边就会回响起相应的声音，这就是视觉记忆和听觉记忆联合作用的结果。

通过对动作和技能的反复练习，可以形成运动记忆。运动记忆比较牢固，遗忘得比较慢，有的甚至终生不忘。例如小的时候学会了游泳和骑自行车，即使几年十几年不游不骑也不会忘记，只是熟练程度上有些区别而已。

在一定发展阶段上，不同人的各种记忆能力是不一样的，某一种记忆能力可能比较发达和敏感，而另一种记忆能力可能不太发达和敏感。任何一种记忆能力都是越用越发达，越用越敏感。例如，中学生做平面几何题，刚开始学的时候，必须边看题边在纸上绘出图，眼睛盯住图翻来覆去地画呀画，才能把题解开，离开图就寸步难行。也就是说，此时对于图形的识记能力很弱。通过不断地练习，由不习惯到习惯，由想象不出来到能想象出来，慢慢地在大脑里就有图了，可以做盲题了。

视觉器官是用来识别物理形象的，能识别三维空间，能识别前后左右。人脑对于形象的识别和记忆功能很强，甚至可以说，一眼看透和过目不忘。充分利用人脑的这种特性，把需要记忆的内容按有利于视觉记忆的顺序排列起来，可以大大地提高记忆效果。下面以记忆 100 位圆周率来说明这一点。

如果把圆周率书写成如下所示的没有间隔的长长的数据串：3.1
41592653589793238462643383279502884 19
716939937510582097494459230781640 6286
208998628034825342117 0 679…

这样的数据串，给人的第一个印象是杂乱无章，在背记的过程中往
往不知道背到了第几位，所以背上几次也就失去了记忆的兴趣和信心，
即使一时勉强死记住了十几位、几十位，能书写或背诵出来，但是不是
正确，往往也没有确切的把握。

如果把它按照一定的格式书写，使之能分出前后左右来，就会有很
多利于记忆的线索。例如，按照每五位为一组，每组之间留一个空格，
每四组一行的方式排列如下：

3.14159　26535　89793　23846
　　26433　83279　50288　41971
　　69399　37510　58209　74944
　　59230　78164　06286　20899
　　86280　34825　34211　70679

它给人的印象就是一个先后有序、能分左右的有某种规律的数据
了，记忆时能很准确地记住某一组数是第几组，它的上下左右是什么。
正是因为这样，才有可能找出各种有利于记忆的规律，才有可能倒背或
斜背如流。

为什么会有这样明显的记忆效果呢？这是因为：

（1）这样做能充分发挥视觉器官的作用。把数据写成行列式或矩

阵的形式以后,目光所及,上下左右几十位数尽收眼底,获取的信息量不是一长串前后左右分不清的一堆数列所能比拟的。

(2)前后左右分明以后,才有可能进行对比,找出规律和有助于记忆的暗示因素。如某一行某一列开始或结尾的数字是什么,相邻数有什么规律,等等。抓住了这些信息,就能把它们的位置固定下来。

(3)把原来很长的数据串分割成短数据串,利于各个歼灭。还可能在记忆过程中,先记住后面好记的数字,再去记前面难记的。

3.9.8 编口诀

有些记忆信息,经过归纳总结,可以浓缩和优化为押韵上口的口诀,很容易记忆和背诵,而且经久不忘。例如,从北京到沈阳的铁路距离约为 1500 里,概括为"里七(山海关内 700 里)外八(山海关外 800 里)"以后就很容易记住。笔者上学时,根据老师的要求,背诵了化学元素顺序表:"钾钠钙镁铝锰锌,铁镍锡铅氢,铜钴银金"。由于这个顺序表押韵上口,虽然 60 多年过去了,至今仍能脱口而出。

又如二十四节气:立春、雨水、惊蛰、春分、清明、谷雨、立夏、小满、芒种、夏至、小暑、大暑、立秋、处暑、白露、秋分、寒露、霜降、立冬、小雪、大雪、冬至、小寒、大寒,不容易记住。但是如果背记以下"二十四节气歌",就比较容易记住:

春雨惊春清谷天　　夏满芒夏暑相连

秋处露秋寒霜降　　冬雪雪冬小大寒

每月两节不变更　　最多相差一两天

上半年来 6、21　　下半年是 8、23

3.9.9　词头法

记忆汉语的信息时,可把需要记忆的内容的第一个字(或其中的一个字,或其谐音)连在一起,组成有意义或很上口押韵的顺口溜,以便于记忆。

例如,要一字不漏地顺序记住老有所养、老有所医、老有所教、老有所学、老有所为这句话并非易事,但若把每一句话的最后一个字组成"养医教学为乐"即可顺利记住。

又如香港传媒称人大或政协的代表有"无知少女"的特点,意指无党派人士、知识分子、少数民族和女士。

也可采用补足法组成句子进行记忆。例如 2006 年 10 月台北红衫军倒陈水扁时在其办公室前排出"礼义廉"3 个大字,以表示陈水扁的"无耻"。

英语中常常把需要记忆的多个词的前面一两个字母连在一起组成一个便于记忆的字符串。例如,一条新闻有 6 个要素:即 what、who、when、where、why 和 how 等,不是很好记,但是把它们归纳为 5W1H 以后,就很有助于记忆。

又如美国和加拿大交界处的 5 个大湖的名字是 Huron(休伦湖)、Ontario(安大略湖)、Michigan(密执安湖)、Erie(伊利湖)、Superior(苏必利尔湖),记忆时取它们的第一个字母,即为 HOMES(几栋房子)这个单词,可以想象成在发现新大陆之前,5 个大湖的周围很荒凉,只有几栋房子(HOMES)。

直接利用词头法不能组成有意义的记忆线索时,可以进行适当的

转换,以找到记忆线索。例如从太阳出发,太阳系九大行星依次为:
Mercury(水星)、Venus(金星)、Earth(地球)、Mars(火星)、Jupiter(木星)、Saturn(土星)、Uranus(天王星)、Neptune(海王星)和 Pluto(冥王星)。它们的词头为 MVEMJSUNP,找不到与其对应的有意义的记忆线索。

以下 9 个英语单词的词头也是 MVEMJSUNP:

My(Mercury 水星)、Very(Venus 金星)、Excellent(Earth 地球)、Mother(Mars 火星)、Just(Jupiter 木星)、Served(Saturn 土星)、Us(Uranus 天王星)、Nine(Neptune 海王星)、Pizzas(Pluto 冥王星)。

由这 9 个单词可以组成以下句子:

My very excellent mother just served us nine Pizzas(我的非常优秀的母亲刚刚给了我们 9 个比萨饼)。

这句话有一定意义,容易记住。而记住了这句话,就能准确地依次记住每个行星的英语名称。

2006 年 8 月 24 日国际天文学会会议决定,取消 Pluto 的行星资格。从此太阳系只有八大行星,记忆的口诀相应修改为:

My very excellent mother just served us noodles(我的非常优秀的母亲刚刚给了我们面条吃)。

也可以把一个词引申出多个词进行记忆,例如美国总统 BUSH 发动伊拉克战争,推翻萨达姆政权,有记者就把 BUSH 一词拆分为 Beat Up Saddam Hussein,意为"痛打萨达姆"。又如在谈到对待 SARS 不要过度恐慌时,有人就把 SARS 一词拆分为"Smile, always remain smile"。

3.10　培养机械记忆能力

记忆新的信息时能找出规律更好,找不出也不一定非找不可。从记忆的整个过程看,在开始的时候用各种各样的方法(尤其是运用联想记忆法)记住了,慢慢地记熟了,最后似乎把记忆的方法忘记了,好像是机械记忆一样。例如小学生记忆"九九八十一"这句口诀,刚开始时会想起老师的解释"乘法是加法的快速运算,9 个 9 在一起是81,所以九九八十一",后来背熟了,能下意识地脱口而出,也就不再去想它是怎么来的,此时乘法就脱离加法了。应该说,这种脱离是思维上的一次优化和飞跃,免除了每次思维都要从原点开始的烦琐过程。

培养机械记忆能力的最好途径就是背记圆周率。它是一个无理数,是一个无限不循环的数,前后数字之间没有相似之处,除了用心寻找并人为地赋予一些记忆线索外,不得不依靠机械记忆。因为无限不循环,想背记多少位有多少位,能不断地吸引你去背记。

不要小看机械记忆的威力,据报载,1991 年在伦敦举行第一次世界记忆大赛上夺魁的 34 岁的英国人奥布奈恩,用机械记忆和图像记忆的方法,只用了 2 分 29 秒便记住了一副扑克牌的顺序。他自己认为他的这种记忆能力是锻炼出来的,他说:"我的记性并不好,至今汽车钥匙找不到的事仍时有发生,只不过我在快速记忆记扑克牌顺序方面努力锻炼罢了。"

3.11 不盲目追求过目不忘

各种传媒和记忆书籍里介绍过一些快速记忆的方法和过目不忘的实例。例如有的人走过饭店门口,扫上一眼窗户上贴着的菜单就能记住所有的菜谱名字;能背记一本词典的第几页上第几个词是什么;能立即回答出一首乐曲里有没有某个音符等。要想做到快速记忆和过目不忘,就要才思敏捷。《三国演义》一书中所说的杨修过马观碑成诵和曹植的七步成诗算是才思敏捷的最好例子,一般人不经过专门训练难以达到这样的水平。

从普通人实用的角度出发,没有必要花很多时间去追求快速记忆和过目不忘。因为在大多数情况下,记忆速度并不是一个关键问题,只要记忆所花的时间不是长到足以影响工作、学习和生活就可以了。例如,一个人到了一个新单位,经过专门训练的人可以在几分钟、十几分钟或几小时之内把上百个同事的名字记住,没有学习过记忆方法又不用心的人,可能要用好几个月才能记住,两者之间的区别是很大的。如果注意运用记忆的方法,能在一两个星期内记住的话,就已经很有实用价值了。

快速记忆和过目不忘的能力也是刻苦学习和实践的必然结果。正如前面提到过的,只要你是一个智力正常的人,一个注意学习和总结的人,经过一段时间,你的记忆力一定会有极大的提高。到那时,在那些不注意学习记忆方法人的心目中,说不定你就是一个有快速记忆能力和过目不忘的人呢!

也就是说，如果记忆某一件事物，才思敏捷的人能在 7 步之内记住而自己做不到的话，不要气馁，可以在 70 步内试试；如果 70 步内也记不住，就在 700 步内试试；700 步内记不住就在 7000 步内试试；如果说 7000 步内记住了，就在这个水平上反复锻炼，用不了多久就有可能达到 700 步的水平，再锻炼就能达到 70 步和 7 步的水平。

第**4**章

数据和电话号码的记忆

这里所说的数据泛指各种科技数据、财务数字、电话号码、证件号码、机构或物品的代号等。有些数据是人们日常生活、学习和工作中经常要碰到的基本信息。对于这样的数据，一定要牢牢地记在大脑里，只有这样，才能提高工作和学习的效率，增加生活的乐趣。凡事都要查本子的人，学习和工作的效率不会高，生活中也不可能有很大的乐趣。

4.1　数据的特点和记忆难点

以 0、1、2、3、4、5、6、7、8、9 为主体的数据的特点很多，主要的有以下几个，而且正是这几个特点决定了记忆数据的难点。

（1）数据所表达的信息没有（或很少有）什么冗余度，组成数据的每个元素的位置和符号（数字、标点或字母）都是确定无疑的，丁是丁，卯是卯，所以记忆数据时不能"只记一点，不记其余"。

（2）没有明显的逻辑性和规律性。任何事物都是有逻辑性和规律性的,数据也不例外。例如,一个单位的编制序列和编制人数,对于根据任务拟制该单位的编制序列和编制人数的人员来说,每一个数字都是有来历的,都隐含着活生生的内容,是合乎逻辑和有规律性的,因而容易记住。但是对于突然进入该单位的人来说,情况就不是这样了。该单位的编制序列和人数就没有明显的逻辑性和规律性,因而不容易记住。

(3) 往往与别的事物没有明显的联系。例如圆周率 3.1415926…,很难与别的事物发生联系,因而难以形成联系记忆。

(4) 数据比较抽象,没有具体的形象,没有鲜明的个性。个性是一个事物区别于其他事物的主要标志,也是人们识别该事物的着眼点,具体生动的形象是形成牢固记忆的桥梁,而大部分数据比较抽象,没有具体的形象,没有鲜明的个性,所以不容易记忆。

(5) 大多数数据由阿拉伯数据组成,互相之间没有明显的区别,有的数据之间还有很大的相似性,因而容易混淆。例如电话号码 842210 和 842120,两者的组合是一样的,只是排列不一样,区别很小。又如电话号码 882210 和 872210,两者只差一个数,区别也不大,如果记忆时不加以特别注意,即使记住了,也不一定能分清哪个是哪个。

(6) 有的数据组成元素多,记忆难度大。例如某一个专利号码为 91220122.3,一共有 10 个元素,其中还夹杂有标点符号,如不用心记忆,不太容易记住。

(7) 有的数据更新快。例如,一个招待所的每天住宿人数、一个单位的财政收支情况,几乎一天一个数,记忆需要随之更新。

4.2　记忆数据的一般原则

根据以上数据特点和记忆难点,记忆数据的一般原则如下:

(1) 要养成细致准确的作风,记忆数据时不能有半点含糊,以免"失之毫厘,谬以千里"。

(2) 用心观察和总结,或经过人为加工,使数据具有某种便于记忆的逻辑性和规律性。人为加工出来的逻辑性和规律性也许比较荒谬,但只要便于记忆即可。

(3) 找出或设想出与别的事物之间的联系,以形成联系记忆。设想出来的联系往往不合乎情理,但是实践证明,越是不合乎情理的联系越容易记住。

(4) 人为地赋予数据以各种具体的形象(声音、形状、意义或其他形象),以便在"记"和"忆"抽象的数据时大脑里能浮现出与之相对应的形象,以利于记忆。

(5) 赋予每一个数字以鲜明的个性,消除它与其他数据之间的相似性,从而不致互相混淆。

这种记忆方法实际上人们经常在用,例如我们中国老百姓习惯使用的十二生肖就是一例。假定你周围有姓童、姓仲和姓宗的 3 个人,姓童的人出生于 1950 年,姓仲的人出生于 1951 年,姓宗的人出生于 1952 年。刚与他们接触时也许还能清楚地记得每一个人的出生年份,但时间一久,可能就会互相混淆。如果在记住出生年份的同时,也记住姓童的人出生于 1950 年,属虎;姓仲的人出生于 1951 年,属兔;姓宗的人出生于 1952 年,属龙等信息。并与他们的外形、运动特点或其他特征相联系的话,就能牢牢地记住。之所以能牢牢地记住,主要是因为多了"属虎、属兔、属龙"这些有助记忆的线索,它们有鲜明的个性,以后回忆时首先进入脑海的也是这些形象。

由事物之间的相似性引起的混淆不只发生在数据的记忆上,在地名和人名的记忆上也有类似的情况。例如"南京站"和"南京西站",两者有很大的相似性,即使在南京住了一段时间的人也不一定分得清,更不用说初次到南京的人了。结果往往下错了站。但是如果"南京西站"沿用老站名"下关站"的话,就消除了两个站之间的相似性,赋予每个站名以鲜明的个性,再也不会混淆了。

(6) 把组成元素多、位数长的数据分解成位数不多的若干个数字加以记忆。记忆心理学研究表明,短时记忆的记忆容量的上限为 5～9 个组块或单元。例如某个专利号 91220122.3 一共有 10 个元素,超过了短时记忆的容量。如果把它分为 3 块(组):91、220、122.3 这 3 个数字,就比较好记,因为这 3 个数字的元素数分别为 2、3、5,正好在记忆的容量之内。

上面的例子是把一个长数据依次分解成 3 个短数据,也可以不依次,而是隔位(隔一位或隔多位)进行分解,例如可以把 7814267 加工为 7(81)4(26)7,然后拟人化和拟物化为:"在 747 飞机的前舱坐了 81 个旅客,后舱坐了 26 个旅客"(详见 4.3 节)。

或者根据一定的编码规则压缩数据的位数,例如利用电报码或五笔字型与数据对应的规则将四位数据转换成为一个汉字。

某些有内在规律的长数据实质上真正有个性的只有几位数。例如,我国的身份证号码一共有 18 位,前面的 6 位数是身份证持有者所在地的省、市、区、县号,接着的 8 位数是他的出生年月日,接着的 3 位是同一地区同一日出生的串号,最后一位供校验用。了解了这个规律以后,对于本人来说真正需要记住的仅仅是最后的 4 个数。对于其他人来说,如果对该人一点都不了解,必须记全部 18 位数,如果了解他是什么地方人,就有可能推想出前几位,知道他出生的年月日又可以推算出几位。

　　(7) 对于更新快的数据,注意记增量。从信息论的理论可知,一个随时间变化的数据的信息量只存在于起始值与随后的增量之中。按照这个方法去记更新快的数据,可以大大地减少记忆量。例如,一个招待所的住宿人数,在记住了一个平均数以后,每天只要记住增减的人数就行了。

4.3　形象记忆

　　形象记忆易学易用,人们自觉或不自觉地都在用它记忆数据。本节介绍数字的多种形象,其中以谐音法最易掌握,应用也最广泛。

4.3.1　数字的各种形象

数字有多种形象,可以利用这些形象进行记忆。

1. 谐音法

谐音法就是利用 10 个数字的发音把数字转化为有声音形象的词语。除了利用 10 个数字的发音外,还可以数字声音的声母或韵母为基础进行外延,以扩大谐音的范围。引申时声母 sh 视同 s、ch 视同 c、zh 视同 z。例如,3 的声母是 s,因此可以引申出"嫂、扫、山、商、尚、上……";8 的韵母是 a,可以引申出"发、法、趴、垮、塌……";5 的韵母是 u,可以引申出"突、古、都……"等。

通过声音报数据时,为了减少差错,人们常常把"1"读成"妖"、把"7"读成"拐"、把"9"读成"狗"、把"0"读成"洞"。

受把"0"读成"洞"的启发,可以引申出"0"的谐音为"孔、洞、圆、窍"或"眼"等。

人们经常把考试得 0 分称为"零蛋",据此可以把 0 谐音为"蛋"或"但"。同理,0 是一个圆圈,据此可把 0 谐音为"元、圆、园、院"和"劝、穿、圈"等。

此外还可以利用同义汉字进行引申,例如 5 的谐音"无"与"没"同义,由此可引申出"梅、美、霉、美、末、墨、摩、妈、马、骂"等。

据此可得 10 个数字的谐音如下:

1　一、艺、益、移、妖、鸭、腰、药、压、要、姚、牙、营、业、印、英、应、殷、因……

2　二、儿、而、尔、耳、凉、俩、量、粮……

3　三、伞、散、丧、桑、嗓、骚、嫂、扫、山、商、尚、上、杀、少……

4　四、斯、死、丝、撕、师、司……

5　五、无、武、务、悟、乌、吴、没、梅、霉、美、末、墨、木……

6　六、留、溜、柳、刘、陆、录、鲁、炉、绿、驴、旅、虑……

7　七、妻、凄、齐、旗、起、泣、砌、乞、气、汽、拐、怪、管……

8　八、爸、巴、把、霸、坝、罢、靶、吧、排、班、白、搬、败、保、报、背、不、布、奔、摆、爬、比……

9　九、久、酒、揪、就、舅、狗、构、够、沟、叫、骄、饺、校、高、搞、告……

0　零、林、淋、临、陵、岭、灵、铃、另、洞、痛、疼、冻、孔、空、同、铜、元、圆、园、院、劝、穿、圈……

2. 简谱谐音

利用某些数字的简谱谐音,可得以下谐音:

1　多、唐、糖、都、桃、逃、陶、滔、刀、得、的……

2　雷、累、瑞……

3　米、密、蜜……

4　法、发、花……

5　索、所……

6　拉、腊、蜡、辣……

7　西、梯、体……

3. 度量或位置形象

如果设定 1、5、9 这三个数字以度量或位置形象,可以扩大谐音的应用范围。例如:

1　短　轻　小　前　上　少　头……

5　中　中　中　中　中　中　身……

9　长　重　大　后　下　多　脚……

据此,1991 可记忆为"头重脚轻",3921 可记忆为"三长两短",5951 可记忆为"没大没小",7189 可记忆为"七上八下"。

4. 数字的汉字形象

例如：

1 像汉字"一"

2 像汉字"乙"

3 像汉字"了"

4 像汉字"千"，为了便于与年月日相联系，还可以认为像"年"字

5 像汉字"与"

6 像汉字"占"

7 像汉字"丁"

8 像汉字"日"（数码显示器中的 8 与"日"字和"月"字相似）

9 像汉字"部"的简写体

0 像汉语中的句号"。"

据此，9246818 可以转换成"92 年 6 月 1 日"，即"92 年儿童节"。

5. 数字的其他形象

可以利用一些人们熟知的序列代表数字。例如可以把天干和地支与数字对应如下：

1 "子"或"鼠"

2 "丑"或"牛"

3 "寅"或"虎"

4 "卯"或"兔"

5 "辰"或"龙"

6　"巳"或"蛇"

7　"午"或"马"

8　"未"或"羊"

9　"申"或"猴"

10　"酉"或"鸡"

11　"戌"或"犬"

12　"亥"或"猪"

2	1	3	4	5	6	7	8	9	0
甲	乙	丙	丁	戊	己	庚	辛	壬	癸

注意：为了不引起混淆，"乙"对应的数字是"1"，"甲"对应的数字是"2"。

也可以把七色光的颜色与数字对应起来：

1	2	3	4	5	6	7
红	橙	黄	绿	青	蓝	紫

此外还可以把需要记忆的数字与邮编、长途电话区号或有线电视的频道序号等进行对照，或许能找到记忆的线索。

例如，笔者一次要记忆电话号码××351205。非常巧，351是太原的长途区号，与太原的弟弟家联系时经常使用这个号，而205则是经常看的北京地区有线电视"风云足球"频道号，这样，就把××351205形象地记忆为"到太原看'风云足球'频道"。

又如，笔者宿舍电话的后4位为1451，经常使用这部电话与哈尔滨的朋友联系，但是并没有意识到两者之间有什么联系，直到有一天注意到哈尔滨的长途区号为451，于是把这个电话号码谐音记忆为"要哈尔滨"。

4.3.2　数字的字母形象

1. 利用数字的拉丁字母形象

利用数字的拉丁字母形象把数据转换成拉丁字母，以增加记忆线索。

有的数字酷似拉丁字母，例如 0 像 o、6 像 b、9 像 g 等，可是这样的字母只有几个，应用范围受限制。如果把拉丁字母的书写方法加以夸大和引申（反写、倒写或部分相似）的话，大部分字母都能找到相应的数据对象。剩下部分字母（如 x、r 等）只能"拉郎配"，分配给对应拉丁字母不多的数据。

分配数字的拉丁语字母形象时遵守以下几条原则：

（1）只要某一个数字的整体或局部形似大写、小写或手写体的拉丁字母，就可以确定下来，确定以后就不要改变，以免混淆。

（2）26 个拉丁字母形象，尤其是元音，应该比较均衡地分布给 10 个数字。

（3）为避免混淆，同一个拉丁字母只能与一个数字相对应，以确保从拉丁字母解码返回数据时的答案是唯一的。

每个人的想象力和书写习惯不同，所得到的数目字与拉丁字母对应关系也不同，只要自己认为易记和不会混淆即可。下面是笔者采用的对应规则：

0　像字母 c、o

1   像字母 f、i、t

2   像字母 a、n、u、z

3   像反写的字母 e、m、w

4   像反写的字母 h、k、y

5   像字母 s

6   像字母 b、d

7   像字母 j、l、v、x

9   像字母 g、p、q、r

由于一个数字对应多个字母,所以由多位数据转换为字母时,有大量的组合,或许有的是有意义的单词甚至句子。数据位数多时,对应的字母组合数量巨大,手工操作难以全部穷极,最好能设计一个电脑程序,其功能类似 4.11.3 节介绍的 Foneword/32 的"电话助忆器"。

2. 利用英语数词的汉语谐音

以下几个数字的英语发音接近某个汉字的单音,可用来记忆。

数据	英语	汉语谐音
1	one	温、文
1	an	安、按
2	two	土、吐、涂
4	four	方、芳
9	nine	难、南、男
18	eighteen	爱听
19	nineteen	难听

20	twenty	蠢的
30	thirty	馊的
40	forty	方的
90	ninety	难的、男的

3. 用英语单词中的字母数代替数字

例如,可以用以下 4 个句子分别记住圆周率小数点后 6 位、14 位、20 位和 30 位。

(1) 记住小数点后 6 位。

How I wish I could calculate pi

  3 1 4   1   5   9   2

(2) 记住小数点后 14 位。

How I like a drink, alcoholic of course after the heavy

  3 1 4 1   5   9   2   6   5   3   5

lectures involving quantum mechanics.

    8   9   7   9

(3) 记住小数点后 20 位。

Now, I wish I could recollect pi. "Eureka" cried the great

  3   1   4 1   5   9   2   6   5   3   5

inventor.

    8

Christmas Pudding; Christmas Pie is the problem's very center.

   9   7   9   3 2 3   8   4 6

(4) 记住小数点后 30 位。

Sir, I bear a rhyme excelling in mystic force, and magic spelling

3   1   4   1   5   9   2   6   5   3   5   8

Celestial sprites elucidate All my own striving can't relate

  9   7   9   3   2   3   8   4   6

Or locate they who can cogitate And so finally terminate.

2   6   4   3   3   8   3   2   7   9

4.3.3 数字代码

许多事物有数字代码,在特定的情况下可以用来记忆数字。以下是日常可以碰到的若干事物代码。

1. 长途区号

我国各城市的长途区号如下:

城市	区号	城市	区号
北京	10	广州	20
上海	21	天津	22
重庆	23	沈阳	24
南京	25	武汉	27
成都	28	石家庄	311
太原	351	郑州	371
长春	431	哈尔滨	451
呼和浩特	471	济南	531

合肥	551	杭州	571
福州	591	长沙	731
南昌	791	贵阳	851
昆明	871	兰州	931
银川	951	西宁	971
南宁	771	拉萨	891
乌鲁木齐	991		

2. 56个民族代码

代码	民族名称	代码	民族名称
01	汉族	02	蒙古族
03	回族	04	藏族
05	维吾尔族	06	苗族
07	彝族	08	壮族
09	布依族	10	朝鲜族
11	满族	12	侗族
13	瑶族	14	白族
15	土家族	16	哈尼族
17	哈萨克族	18	傣族
19	黎族	20	傈僳族
21	佤族	22	畲族
23	高山族	24	拉祜族
25	水族	26	东乡族

27	纳西族	28	景颇族
29	柯尔克孜族	30	土族
31	达斡尔族	32	仫佬族
33	羌族	34	布朗族
35	撒拉族	36	毛南族
37	仡佬族	38	锡伯族
39	阿昌族	40	普米族
41	塔吉克族	42	怒族
43	乌孜别克族	44	俄罗斯族
45	鄂温克族	46	德昂族
47	保安族	48	裕固族
49	京族	50	塔塔尔族
51	独龙族	52	鄂伦春族
53	赫哲族	54	门巴族
55	珞巴族	56	基诺族
97	其他未识别民族	98	外国人入中国籍

3. 身份证的行政区代码

身份证号前 6 位代表行政区域。其中前 3 位为省市,例如北京市为 110、天津市为 120、河北省为 130、新疆维吾尔自治区为 650 等。后 3 位为区县,例如北京市海淀区为 108、密云县为 228 等。

4.3.4　两位数的形象

本节所介绍的数字形象,以谐音为主,偶尔结合其他形象。这些内容是笔者多年来与一些对记忆感兴趣的人交流的结果。除了面对面讨论外，笔者收到了大量读者来信或电邮，其中不乏巧妙的数字形象记忆方法，所有这些都收集在本节中。读者在阅读本节时，最好能逐一搞清楚每一个数字形象的来龙去脉，并在此基础上补充一些自己创造的新的数字形象记忆法。

综合利用以上方法，可得两位数的谐音如下：

00　元旦、东单、动弹、灵丹……

01　动摇、动议、东移……

02　栋梁、铃儿、等你……

03　零散、当选、登山……

04　东方（4的简谱谐音"方"）、当时、顿时、临时、临死、等死、冻死、但是、东西……

05　东吴（孙权）、等我……

06　东楼、零落、冷落、登陆……

07　东莞、灵气、冬瓜……

08　淋巴、临别、东北、恶霸（"恶"为0的字母形象o的谐音）……

09　零酒、菱角、棱角、董酒、领教、蛋糕、东南（9的英语谐音）……

10　窑洞、腰痛、摇铃、导弹、医院、捣蛋（"捣"为1的简谱谐音，"蛋"为0的谐音）、鸭蛋、一栋、抖动（"抖"为1的简谱谐音）……

11　咬牙、依依（1184依依不舍）、爷爷、营业、文艺（"文"为1的英语one的谐音）、道德（"道"和"德"均为1的简谱谐音）、安逸

("安"为 1 的英语 an 的谐音)……

12　一两、依尔(俄制飞机型号)、多累("多"为 1 的简谱谐音,"累"为 2 的简谱谐音)……

13　移山、依山(1384 依山傍势)、衣衫、要塞、瑶山、以上、医生、药膳、大米("大"为 1 的简谱谐音,"米"为 3 的简谱谐音)……

14　一次、依次、医师、一丝(1487 一丝不挂、1489 一丝不苟)、意思、腰丝(614 溜腰丝)、钥匙、要事、文化("文"为 1 的英语 one 的谐音,"化"为 4 的简谱谐音)、头发("头"为 1 的简谱谐音,"发"为 4 的简谱谐音)……

15　医务、义务、业务、一壶(159 一壶酒)、鹦鹉、哆嗦("哆"为 1 的简谱谐音,"嗦"为 5 的简谱谐音)……

16　一楼、一缕、一溜、一路、医疗、遗留、导游("导"为 1 的简谱谐音)……

17　仪器、遗弃、妖怪、遥测、殷切、牙齿、一汽(第一汽车制造厂)、液体("体"为 7 的简谱谐音)、一个……

18　哑巴、医保、一把(刀)、一把(米)、摇把、摇摆(1188 摇摇摆摆)、衣钵……

19　药酒、依旧、一九(天气)、厌旧……

20　按铃、二十(年代)、两栋、二环……

21　二姨、良药、而已、你要、耳朵("朵"为 1 的简谱谐音)……

22　二两、两两(3322 三三两两)……

23　土山("土"为 2 的英语 two 的谐音)、堵塞("堵"为 2 的英语

two 的谐音)、凉面("面"为 3 的简谱谐音)……

24　而是、疑是、土方("土"为 2 的英语 two 的谐音,"方"为 4 的英语 four 的谐音)……

25　二胡、两壶(259 二壶酒)、你我……

26　二楼、阿拉(上海话"我")……

27　二七(罢工)、二汽(第二汽车制造厂)、两个……

28　两把(刀)、两把(米)、泥巴、二发(子弹)……

29　二舅、二九(天气)、按揭……

30　三通(开关)、三菱(汽车)、山洞、三环、三栋、仙丹……

31　三姨、山药、山腰、闪耀、神医、山阴(山西一县名)、撒尿、正弦(31 的谐音 sin)……

32　三两、山梁……

33　山上、善鄯(新疆)、闪闪(发光)、米线("米"为 3 的简谱谐音)……

34　上司、上市、三次、三思、膳食、沙发("发"为 4 的简谱谐音)、米饭、米粉(3 的简谱谐音为"米","饭"和"粉"为 4 的简谱谐音)……

35　珊瑚、三壶(359 三壶酒)……

36　杀戮、三楼、山路、沙龙(1136 文艺沙龙)……

37　三七(中药)、山鸡、生气、三个、象棋、三级、傻瓜、商馆……

38　三把(刀)、三把(米)、三八(妇女节)、三发(子弹)、相扑、面色("面"为 3 的简谱谐音)……

39　三舅、三九(天气)、山沟、三角、散酒、烧酒……

40　司令、四邻、四环、西欧、西单、四栋……

41　西医、四姨、司仪、石头("头"为1的简谱谐音)、佛爷("佛"为
　　　4的简谱谐音)……

42　时而、四两、思量……

43　时尚、西餐……

44　西方("方"为4的简谱谐音)、四次、试试、时时、事事……

45　是我、私屋、四壶……

46　四楼、思路、死路、发蜡("发"为4的简谱谐音)、四个……

47　丝瓜、西瓜、四个、死期、使馆……

48　西北、四把(刀)、四把(米)、四发(子弹)、失败……

49　西南("南"为9的英语谐音)、四舅、四九(天气)、死狗、发球……

50　五十(年代)、武林(武术界)、五栋……

51　五一(劳动节)、物业、武艺、乌鸦、无疑、五岳、无遗(8651包罗
　　　无遗)、我要、所以("所"为5的简谱谐音)……

52　污泥、五两(重)……

53　没啥……

54　无事、五四(青年节)、武士、五次、捂死、无私、没法("发"为
　　　4的简谱谐音)……

55　五五(端午节)、五五(第五个五年计划)、无我……

56　物流、五楼、无路……

57　武器、五级、无期、武馆、武官、五个……

58 五把(小刀)、五发(子弹)……

59 母狗、五九(天气)、五舅、没够……

60 六十(年代)、刘邓(大军)、流凌(冬天黄河出现的流动冰凌)、六栋、拉动("拉"为6的简谱谐音)……

61 六一(儿童节)、留医、留意、游弋、六安(县名,其中"安"为1的英语an的谐音)……

62 六两(重)……

63 楼上、流沙、老山……

64 流食、流失、楼市、六次、累死、临时、入世(加入WTO)、拉屎……

65 六壶、勒索("勒"为6的简谱谐音)、利索("索"为5的简谱谐音)……

66 六楼、陆路……

67 六个、漏气、油漆、六级、旅馆、垃圾……

68 老板、(拍卖会)流拍、六把(小刀)、烙饼……

69 六九(天气)、六舅、老酒、老九、兰州、篮球……

70 七十(年代)、鸡蛋、机灵……

71 怪异、气压、齐腰(深)……

72 妻儿、七两(重)、凄凉、测量……

73 祁山、岐山、凄惨、测算、拆散……

74 七次、妻室、气死、官司、怪石、怪事、奶酪(cheese)……

75 七五（第七个五年计划）、歧路……

76 七楼、快乐……

77 乖乖、奇怪、积极、观测、恰恰、七个……

78 启发、七把（小刀）、旗袍、快跑……

79 七九（天气）、七舅、吃酒、汽酒……

80 不灵、百灵、不懂、冰凌、冰冻、笨蛋（"蛋"为 0 的谐音）……

81 不要、不一、布衣、（云南）白药、波音（飞机）……

82 疤儿、怕你、盼你、（电脑用的）奔Ⅱ（处理器）、布尔（代数）、八两（重）……

83 爬山、悲伤、不算……

84 北方（"方"为 4 的简谱谐音）、不是、博士、把式、巴士、办事、八字、拔丝（8431 拔丝山药）、宝石、把持、（电脑用的）奔Ⅳ（处理器）……

85 八五（第八个五年计划）、八壶（859 八壶酒）、怕我、盼我……

86 八路、疤瘌、包络、伯乐、牌楼、爬楼、不留、包罗……

87 八卦、排骨、不测、八级、白旗、八个……

88 爸爸、八发（子弹）、白布、摆布、宝贝、再见（Bye-bye）……

89 八九（天气）、不久、牌九、排球……

90 狗洞、高陵（陕西一县名）……

91 就医、旧衣、高一、膏药、脚丫、美国大兵（91 可转换为字母 GI，意为美国大兵）……

92 九两(重)、高二……

93 高三、高山……

94 南方("南"为 9 的英语 nine 的谐音,"方"为 4 的简谱谐音)、
就是、就死、狗屎、九次、juice(果汁)……

95 救我、酒壶、九五(第九个五年计划)、旧路……

96 就来、九楼、酒楼、高楼……

97 酒鬼、九级、九个……

98 酒吧、九发(子弹)……

99 九九(艳阳天)、九九(重阳节)、舅舅、久久、救救、高高、结构、
刚刚、奶奶("奶"为 9 的英语 nine 的谐音)……

有的谐音只与个人的经历有关,说出来别人不懂;有的谐音说出
来不文雅,因而不能言传。采用谐音法的唯一目的是记住数据,并不一
定追求逻辑性和准确性,只要有助于记忆,各种谐音都是可取的。

4.3.5 多位数的形象

(1) 三位数。

007 咚咚锵

115 呀呀呜

146 伊斯兰

167 易拉罐("易"为 1 的谐音,"拉"为 6 的简谱谐音,"罐"为 7 的
谐音)

246 泥石流

246 土石流("土"是 2 的英语 two 的谐音)

268　阿拉伯

289　tobacco 香烟（2 的英语为 two）

341　米花糖（"米"为 3 的简谱谐音，"花"为 4 的简谱谐音，"糖"
为 1 的简谱谐音）

385　桑巴舞

393　烧高香

400　司令员

408　司令部

440　副司令（"副"为 4 的简谱谐音）

504　硫酸根（SO_4）

505　无线电求救信号 SOS

521　五粮液

562　乌拉尔

630　榴霰弹

647　领事馆

765　拆烂污

801　不动摇

844　办实事

917　膏药旗

924　高尔夫（"夫"为 4 的简谱谐音）

971　高气压

979　枸杞酒

986　狗不理

998　九九表

一些数据的谐音被视为吉祥号，例如"578 我快发"、"888 发、发、发"等，在电话号码或者车牌号码出售中常常售以高价。其实这些号码既可以谐音成吉祥语句，也可以谐音成不吉祥语句。如可以把 518 谐音为"我要发"，也可以谐音为"我要垮"。其实数据就是数据，人为赋予它们额外的意义，只是人们的虚构。

（2）四位数。

1080　一窍不通（"窍"为 0 的引申）

1121　温文尔雅（"温"和"文"为 1 的英语 one 的谐音）

1177　咬牙切齿

1188　摇摇摆摆

1314　一生一世

1364　丢三落四（"丢"为 1 的简谱谐音）

1487　一丝不挂

1489　一丝不苟

1557　童叟无欺（"童"、"叟"分别为 1、5 的简谱谐音）

2627　土里土气

3344　生生世世

3454　三番五次

3418　三自一包

3996　三教九流

4081　四通八达（"达"为 1 的简谱谐音）

4786　死气白赖

4848　(俄)谢谢

5544　无所事事("所"为 5 的简谱谐音)

5657　乌兰牧骑

6364　来生来世

6841　路不拾遗

7086　七零八落

7696　叽里旮旯

7733　凄凄惨惨

8323　逼上梁山

8894　比比皆是

8916　(日)八格牙鲁

9413　九死一生,九死一伤

9489　见死不救

9649　极乐世界

9737　国际象棋

(3) 五位数以上。

31268　沙特("特"为 1 的简谱谐音)阿拉伯

31381　三要三不要

414814　此一时,彼一时

5656161　少了少了多了多(2007 年 7 月 20 日,商业部部长助理在
　　　　　CCTV 的《决策者说》节目中说,分散的农民由于信息不
　　　　　灵,养猪情况常常出现"少了少了多了多,5656161",好
　　　　　像是扭秧歌)

69899 老九不能("能"为 9 的英语谐音)走

873721 不管三七二十一

91608 狗咬吕洞宾

（4）为了应用现成的俗语或诗句记忆数字,有时可能会多出一些字,只要不引起混淆都是可行的。例如,记忆数字 3386 时,可以谐音为一句唐诗"三山半落青山外",后面多出的"青山外"3 个字没有对应的数字,并不会影响记忆。同样,也可以在前面加上没有对应数字的汉字。

（5）某些常用数值的记忆。教学过程中,常常会碰到许多数据,老师应该钻研并收集记忆这类数据的方法,在讲课时告诉学生。由于这些巧记的方法是在特定场合获得的,学生可能会终生不忘。以下是笔者上学时记住的几个例子,至今五六十年过去了,仍然记得非常牢。

一个弧度等于 $57°17'44''8$,其中的数据 5717448 可谐音成"我吃一吃试试吧"（笔者的大学物理老师教的）。

自然对数的底 $e=2.71828$ 可谐音成"2.7 不够,还要加上一把（18）两把（28）"（笔者上大学时听一同学说的）。

发明无线电的年份 1895 可谐音成"一把酒壶"（笔者的大学无线电老师教的）。

$\sqrt{2}=1.41421\cdots$,其谐音为:"意思意思而已"（笔者上中学时听一同学说的）。

与电流单位"安培"定义有关的物理参数 0.001118 可以记成:一

个"．"、两个"0"、三个"1"、四个"2（等于 8）"（笔者的大学物理老师
教的）。

4.3.6　数字的人名形象

05　欧姆

17　姚期（汉代名将）

18　安培（法国科学家）

31　孙文（"文"为 1 的英语 one 的谐音）

36　沙龙（以色列前总理）

53　武松

61　路遥（中国当代作家）

62　列宁

64　赖斯（美国前国务卿）

68　刘邦、刘备

72　切尼（美国前副总统）

80　拜登（美国副总统）、巴顿（"二战"时美军将领）

82　波尔（丹麦物理学家）、贝尔（电话发明人）

84　布什（美国前总统，384 小布什、684 老布什）

86　布朗

93　鸠山（日本人名）

94　高斯、宙斯、盖茨

110　姚文元（"文"为 1 的英语 one 的谐音）

116 安德烈("安"为 1 的英语 an 的谐音,"德"为 1 的简谱谐音)

262 尼雷尔(坦桑尼亚前总统)

285 奥巴马(美国总统)

314 桑托斯("托"为 1 的简谱谐音)

356 山本五十六(日本人名)

364 弥勒佛("弥"和"佛"分别为 3 和 4 的简谱谐音)

372 撒切尔(夫人)(英国前首相)

408 苏东坡

416 斯大林

461 施罗德(德国前总理)

314 桑托斯

467 法拉第(法国科学家)

501 吴敦义

516 武大郎

537 吴三桂

564 梅兰芳("芳"为 4 的简谱谐音)

608 吕洞宾

616 刘亚楼

621 刘宁一

637 刘三姐

637 刘少奇

644 罗斯福

652　隆美尔("二战"时德军将领)

663　李立三

724　切尔西(西方人名或地名)

840　巴斯滕(荷兰足球运动员)

852　鲍威尔(前美国国务卿)

860　本·拉登

861　布拉特(国际足联主席。"特"为1的简谱谐音)

862　布莱尔

864　鲍罗斯(斯大林格勒战役时德军统帅)

916　周恩来("来"为6的简谱谐音)

947　高士其(中国著名科普作家)

982　戈培尔("二战"期间德国宣传部长)

1665　达赖喇嘛("达"为1的简谱谐音,"赖"为6的简谱谐音)

1452　伊斯梅尔(伊斯兰人名)

2641　阿拉法特("法"为4的简谱谐音)

3367　萨马兰奇

4254　福尔摩斯

6824　莱布尼兹

6864　拉普拉斯

8294　比尔·盖茨

8612　布莱德利(前美军将领,美军步兵战车名。"德"为1的简谱
　　　谐音,"利"为2的简谱谐音)

9784　乔治·布什

654421　拉姆斯菲尔德(美国前国防部长)("菲"为 4 的简谱谐音)

4.3.7　数字的地名形象

00　东欧(0 形似 o,谐音"欧")

01　(山东)临沂、东亚

04　东四

11　(西藏)安多("安"为 1 的英语 an 的谐音,"多"为 1 的简谱谐音)

12　(新疆)伊宁、印度("度"为 2 的英语 two 的谐音)

14　安西

15　(浙江)义乌

16　伊朗

17　英国、德国("德"为 1 的简谱谐音)

28　日本

30　山东

31　三亚

34　山西、陕西

38　陕北

39　陕南("南"为 9 的英语 nine 的谐音)

40　西欧

41　西安

42 西宁

43 西山

44 西四

47 法国("法"为 4 的简谱谐音)

50 五环、五岭、武陵(桃花源所在地)

53 巫山(三峡)

54 无锡

57 美国

58 湖北

59 湖南

60 伦敦

63 庐山、拉萨

80 北欧、柏林、不丹

81 北亚、波恩("恩"为 1 的英语 an 的谐音)

82 贝宁

83 (四川)巴山、宝山

84 巴西

84 波斯

86 巴黎

87 宝鸡

90 南欧

91 南亚

030 东三环

040 东四环

050 东五环

080 东柏林

081 东北亚

091 东南亚

126 爱尔兰

136 以色列

159 鹦鹉洲

123 安徒生

222 尼日尔

224 突尼斯（"突"为 2 的英语 two 的谐音，上海方言 2 的发音为"尼"）

227 土耳其

245 尼斯湖（2457 尼斯湖怪）

246 奥斯陆

248 鄂西北

263 二郎山

264 俄罗斯

268 阿拉伯

282 尼泊尔

284 阿巴斯

314 三亚市

419　伏特加(酒)("伏"为 4 的英语 four 的谐音,"特"为 1 的简谱
　　　谐音)

423　赐儿山(张家口)

429　伏尔加(河)

437　西三旗

438　西山坡

440　西四环

450　西五环

464　法兰西

480　西柏林

481　西班牙

488　西柏坡

498　新加坡

512　五道梁(青藏公路兵站。"道"为 1 的简谱谐音)

513　武夷山

528　墨尔本

549　墨西哥

567　乌拉圭

614　路易斯(人名)

637　娄山关

648　里斯本

671　蓝旗营

684　莱比锡

723 祁连山

724 切尔西

830 北三环

816 布达拉(宫)

840 北四环、波士顿

841 波斯湾("湾"为1的英语 one 的谐音)

850 北五环

867 巴拉圭

869 白鹭洲

883 八宝山

940 南四环

950 南五环

960 中国(960 万平方公里)

1240 (德国)德累斯顿

1630 耶路撒冷

2161 澳大利亚

2241 突尼斯亚

3982 桑给巴尔

5657 乌鲁木齐

5681 乌兰巴托("托"为1的简谱谐音)

6296 列宁格勒

7274 吉尔吉斯

8184　布达佩斯

8264　白俄罗斯

9681　哥伦比亚

12241　印度尼西亚

14082　伊斯坦布尔

23081　埃塞俄比亚

41696　斯大林格勒

41925　斯特哥尔穆

89641　布加勒斯特

124365　达累斯萨拉姆

4.3.8　数字的时间形象

每个人都牢牢地记住了许多有意义的时间,把某些数字与这些时间对应起来有助于记忆。

(1) 与个人有关的时间。个人与家庭成员的出生、上学(小学、中学、大学等)、毕业、工作调动、婚丧时间等。

(2) 历史事件。许多历史事件发生的时间是众所周知的,可用来记忆数字,以下是一些例子:

11　元旦

38　国际劳动妇女节

51　国际劳动节

61　国际儿童节

71　中国共产党建党纪念日

77　卢沟桥"七七"事变

81　中国人民解放军建军纪念日

88　2009年8月8日,莫拉克台风在台湾地区造成的"八八大水灾"

91　中小学开学日

101　中华人民共和国国庆日

512　2008年四川"5·12"大地震

625　1951年6月25日,朝鲜南北战争爆发

720　1969年7月20日(美国时间),美国宇航员登月

727　1953年7月23日,签订朝鲜战争停战协定

815　1945年8月15日,日本投降

911　2001年美国"9·11"恐怖事件

915　2008年9月15日,美国雷曼兄弟公司破产引发全球金融海啸

918　1931年,日本发动的侵占中国东北的"九一八"事变

921　1999年台湾大地震

1025　1951年10月25日,中国人民志愿军出国作战

1225　圣诞节

1931　"九一八"事变发生年

1937　卢沟桥"七七"事变发生年,全面抗日战争爆发

1945　日本投降

1951　朝鲜战争爆发

1953　朝鲜战争停战

2001　发生在美国纽约的恐怖袭击发生年,同年美国入侵阿富汗

2003　　美国入侵伊拉克

4.3.9　防止混淆

数据记忆最主要的要求是准确性,而用以上介绍的方法记忆数字时,同一声音可能代表两个不同的数字。例如 8 的谐音为"发",而 4 的音乐形象也为"发";又如可把 2 谐音为"爱",而 1 的英语 an 的谐音也可引申为"爱"。这样,由谐音解码回数字时会产生歧义,不知到底是 4 还是 8,是 2 还是 1。

为防止出现此现象,应根据自己的习惯,在容易混淆的不同方法中只选一种。例如 4 的简谱谐音"发"是非常准确的,应作为首选。8888谐音为"发、发、发、发"则是某些地区的人普通话发音不准确引起的,不要用。1 的英语 an 的谐音"爱"也是很准确的,应作为首选;而把 2 谐音为"爱"则比较勉强。

对于具体的个人而言,只要有助于记忆,自己认定的任何谐音都是可行的,而且要坚持先入为主和一以贯之。接触某个数字时,第一时间想到某种记忆方法以后就把它固定下来,并在随后的不断应用中来强化记忆。

对于需要公之于众的数字谐音,还是应该以普通话发音为准,尽量不要使用方言。例如电视节目中广为传播的旅游服务电话号码 12580谐音为"一按我帮您"。此处的 0 怎么会对应"您"呢? 很可能是编写此谐音的人受方言的影响,L 和 N 不分所致。其实此数字的对应谐音似以"一按我包灵"为好。

各地方言对于 10 个数字的读音各异,例如有的把 2 读成"泥",有的把"日"读成 2,据此可以获得更多的谐音。

4.4　拟人化和拟物化

拟人化和拟物化就是赋予数据以某种"人"或"物"的形象。这里所说的"物"是泛指的,既可以是"事物"(如波音 747 飞机),也可以是"事件"(如"5·12"四川大地震)。

4.4.1　拟人化和拟物化的途径

拟人化和拟物化的途径多种多样,一般有以下途径:

(1) 利用数据的物理形象和物理意义

10 个数字的物理形象是非常丰富的,每个人可根据自己的生活经历进行联想。例如,对于一般人来说,可以想象出以下的形象:

0　像圆形的物体(花生米、蛋、饼、盘、碟、球)……

1　像棍棒、铅笔……

2　像汽车摇把、木工折叠尺……

3　像耳朵、弹簧、半个花生壳……

4　像帆船、彩旗、尖刀……

5　像秤钩、扳手、镰刀……

6　像勺……

7　像锄头……

8　像眼镜、香肠、带壳花生、葫芦……

9　像锤子……

据此可以把数据 3003 形象化成一个剥开了的花生,第一个 3 是半个壳,中间两个 0 是两粒花生米,最后一个 3 是另一半花生壳。

如果对战士的装备熟悉,可找到以下的形象:

0   像地雷……

1   像步枪……

2   像交通壕……

3   像铁丝网……

4   像刺刀、匕首……

5   像手枪……

6   像铁锹……

7   像镐……

8   像望远镜、干粮袋……

9   像手榴弹……

如此等等。

也可以把某几个数字看做是从 1 演变来的,例如把 1 折一个弯就成了 7,1 折两个弯就成了 2,在顶端弯一个圈就成 9,在下面弯一个圈就成 6,上下都弯个半圈就成 3,顶端弯成一尖三角就成 4,上下都弯成一个圆圈就成 8,弯成一个圆圈就成 0 等。

(2) 利用"人"的各种参数

一个"人"有各种各样的参数,有的参数是以数据形式出现的。例如,出生年月日,小学、中学、大学的入学和毕业时间,在某一个单位工作的起止时间等。假如,某人出生于 1934 年,记另一人的电话号码 1935 时就可以进行以下拟人化:"他比我晚出生一年"。如果实际上他是 1934 年以前出生的话,可以加上以下潜台词:"他虽然比我早出生,但看起来要比我年轻一岁"。

家庭成员的出生年月日及其主要经历一般也都已牢牢地记住,也可以作为拟人化的参考点。

又如一个人成年以后的身高和体重一般是比较固定的,身高、体重、鞋和衣服的尺码等都可以作为拟人化的参照物。假定一个人的身高是 172.5 厘米的话,记忆 1726 时可以用以下联系记忆:"又长高了 0.1 厘米"。

(3)利用各种"物"的时间和空间参数

很多"物"都与时间有联系,用数据表示的时间就是这些"物"的时间参数。例如,365 表示"一年"、918 表示"九一八"事件、1937 年抗日战争开始、1945 年抗日战争结束等。

"物"的空间参数可以是某一物体的几何尺寸,也可以是其空间排列,例如建筑物的栋(楼)号、层号、单元号、门牌号等。

(4)利用与自然界规律相对应的数据

例如阳历的 1、3、5、7、8、10、12 等月都是 31 天,2 月一般只有 28 天,4、6、9、11 等月为 30 天。见到数据 157831 就可以记成"一五七八月,都是三十一天",见到 228 就记成"二月平",见到 229 就记成"闰二月"等。

利用时间参数的另一个方法就是利用各种各样事件的起始时间和交通工具的到发时间,例如 3745 就是抗日开始和结束的年份;836 是宁沪特快列车"游-1"从南京开出的时间 8 点 36 分,1736 是从上海发车的"游-2"到达南京的时间 17 点 36 分等。

(5) 利用各种"物"的数据属性

"物"的数据属性是多方面的,例如,熟悉乒乓球比赛规则的人可以把 1126 拟物化为"11 比 6,赢了 5 个球(假定自己的比分在前,其中 2 的英语 two 谐音为 to,意为'比')";把 6211 拟物化为"6 比 11,输了 5 个球";可以把 442、433、352、532 等数据拟物化为足球布阵的形象等。

各种物品的型号、工程和科研项目的代号、各种物理量、交通工具的班次序号等也是"物"的数据属性。例如可以把 380 和 220 想象成交流线电压 380 伏和相电压 220 伏等。

4.4.2　拟人化和拟物化的应用

拟人化和拟物化的方式很多,主要有以下几种:

1. 直接应用

直接应用就是把连续的某一数据当做一个完整的"人"或"物"。例如,在把 747 拟物化成波音 747 飞机,把 130 拟物化成 130 汽车后,就可以把 8747 想象成在 8 架波音 747 飞机,把 5130 想象成 5 辆 130 汽车等。

2. 分解

只要某一个数字中先后出现了几个能进行拟人化或拟物化的数据,不论其间间隔多少位,都可以认为这几个数本来是连在一起的,后来才被分解开并插进别的东西。应用这样的方法以后,不但大大地扩展了拟人化和拟物化方法的覆盖面,而且由于被分解后的数据的位数都不多,比较容易记忆。例如可以把 7814267 想象成在 747 飞机的前舱坐了 81 位旅客,后舱坐了 26 个旅客。

3. 结合

运用各种方法,把拟人化和拟物化后的数据按照顺序串联起来。例如把数据 143982505 中的第一位 1 看做数量,第二位 4 拟物化为帆船,14 即为一艘帆船;3982 拟物化为"桑给巴尔",505 变换成拉丁字母后拟物化为无线电求救信息 SOS。把这 3 部分数字联系起来就是:"一艘帆船在桑给巴尔岛附近海面遇难,发出了无线电求救信息 SOS"。

在特定情况下,"人"和"物"结合以后能得到很独特的数据形象。一个人的办公室或宿舍的楼号、门洞号、楼层号、房号和电话号码等就是该"人"和"物"结合以后的数据形象,例如某同事宿舍电话是 892201,可以拟物化为:他家的电压"不够(89)标准的 220 伏(220),差 1 伏(1)"。经过了这样的拟物化,以后每当碰到 2201 或 892201 这样的数据时,就会在脑海中浮现出该同事的形象,并可将其作为记忆其他数据的挂钩。例如,笔者获得的一个专利的号码为 91220122.3,可以记为"91 年(91)请该同事(2201)去申报专利,用了 22.3 元(22.3)"。如果大脑里没有 2201 的拟人化的形象,也可以用下述拟物化的方法去记忆:91 年(91)申报了一个用交流电 220 伏(220)的专利,用了 122.3 元(122.3)。

又如,某研究所的总工程师是一位博士,戴眼镜,他的电话号码是 843003。以下的拟人化和拟物化就是这位博士的生动写照:"博士

（84），戴眼镜（3003 中的两个 3，可以形象地看成是两个耳朵，00 可以看成是两个眼镜片）。"

具有数据特征的"人"和"物"很多，分解和结合的方法也多种多样，应用时只要充分发挥想象力，有时可以收到很好的记忆效果。例如，圆周率小数点后面第 739 ～ 757 位之间的 18 位数值为 774771309960518707，可以把这长数据分解成几个短数据并进行拟物化：7747（7 架波音 747 飞机）、7130（7 辆 130 型汽车）、9960（9 部 960 路载波机）、518（生产载波机的邮电部南京 518 厂）、707（波音 707 飞机）。把上述"物"串联起来形成以下记忆链："7 架波音 747 飞机和 7 辆 130 型汽车，装着 9 部 960 路载波机，送到邮电部南京 518 厂"，用不了几分钟就把 18 位记住了。

也许有人认为自己的知识面窄，生活阅历浅，难以运用拟人化和拟物化方法去记忆数据。其实这种担心是不必要的。例如，一日笔者与几位想提高记忆力的人乘车行进在 312 国道上，指着前面一辆车的车号 13121 说："可以把 13121 数据的中间 312 设想成 312 国道，首尾的两个 1 想象成两旁的护栏"，他们觉得非常形象。笔者要求他们在此基础上引申出其他一些拟人化和拟物化的记忆方法。他们很快就找到了以下记忆途径：

3112：形象化为中间有隔带的 312 国道。

3151232：形象化为分上下行的 312 国道，左边下行的有 15 辆车，
　　　　　右边上行的有 23 辆车。

103124：10 辆车停在 312 国道的左边，4 辆停在 312 国道的右边
　　　　　（或出了车祸翻在左右边）。

35130172122：5 辆 130 卡车在左边跑，7 辆 212 北京吉普车在右
边跑。

4.5　编码法

利用谐音记忆数据时，要记忆的信息长度没有改变，例如 5717448
记成"我吃一吃试试吧"，7 位数换成了 7 个汉字，只不过比较上口罢
了。下面介绍的几种编码法，不但压缩了信息长度，而且赋予了数据鲜
明的个性，从而利于记忆。

汉字的信息密度大，它的构字法则、每个字的形状和意义中都蕴含着
很多信息，可以用来作为编码的载体。具体应用汉字的方法有以下几种。

4.5.1　利用电报码

中文电报码用 4 个数字代替一个汉字，反过来，可以用一个汉字去
代替四位数据，例如用"学"字代替 1331 四位数据。

对于不是搞译电的普通人来说，看到一个四位的数据以后，不可能
立即反应出对应的汉字是什么。但在有空的时候，可以找一本电码本
看看，查查需要记忆的数据对应的汉字是什么，并把这些汉字抄写在数
据旁边，然后再与数据的特性进行联系，也许能找出一些有助于记忆的
线索。

4.5.2　利用五笔字型

利用五笔字型的一级简码和键名，把两位数变换成一个汉字或一

个英语字母。根据五笔字型编码规则,可以得到以下对应关系:

11　是"一"和"王",对应的键名是 G

12　是"地"和"土",对应的键名是 F

13　是"在"和"大",对应的键名是 D

14　是"要"和"木",对应的键名是 S

15　是"工",对应的键名是 A

21　是"上"和"目",对应的键名是 H

22　是"是"和"日",对应的键名是 J

23　是"中"和"口",对应的键名是 K

24　是"国"和"田",对应的键名是 L

25　是"同"和"山",对应的键名是 M

31　是"和"和"禾",对应的键名是 T

32　是"的"和"白",对应的键名是 R

33　是"有"和"月",对应的键名是 E

34　是"人"和"人",对应的键名是 W

35　是"我"和"金",对应的键名是 Q

41　是"主"和"言",对应的键名是 Y

42　是"产"和"立",对应的键名是 U

43　是"不"和"水",对应的键名是 I

44　是"为"和"火",对应的键名是 O

45 是"这"和"之",对应的键名是 P

51 是"民"和"已",对应的键名是 N

52 是"了"和"子",对应的键名是 B

53 是"发"和"女",对应的键名是 V

54 是"以"和"又",对应的键名是 C

55 是"经"和"丝",对应的键名是 X

也可以利用五笔字型的二级简码,把四位数变换成一个汉字。例如,1414 是"林"字,4115 是"长"字等。找出对应的汉字后,与数据的特性进行广泛的联想,有时会发生令人难以置信的巧合,从而非常容易记住。以下是几个例子:

一位叫"××彬"的人的电话号码是 1414,对应的汉字正好是"林",与"彬"字有联系,因而容易记住。

对于大于 5 的数字,可将其显示于算盘上。由于算盘上档"以一当五",上档的数值不是 0 就是 1,是一个二进制序列。

例如一位姓吉的人的电话号码是 6723,在算盘上的表示为:1100,对应的二进制数值为"12",此数可谐音为"要你";1223,对应的汉字就是"吉"字。综合起来就记忆为"要你吉××"。又如一位叫"×大鸿"的人的电话号码是 1618,此数在算盘上的表示为 0101,对应的二进制数值为"5",谐音为"我";1113,对应的汉字是"天",它既与"大"字有联系,又与"鸿雁在天上飞"有联系。

学过五笔字型的人不一定能记住全部五百多个二级简码,例如 1412 似乎应该是"杜"字,实际上却是"村"字,但在从"村"字反推回去,把它分解成1412则是一般会五笔字型的人都能做到的。

以上是用二级简码进行讲解的,实际使用时也可以推广到三级简码或全码。

4.5.3　利用汉字的数字信息

利用汉字的数字信息的方法很多。例如,文字游戏中用"白"字射99、用"华"字射80(80岁大寿称为"华寿")、用"茶"字射108(108岁大寿称为"茶寿")等都是实例。仿此,可以用"平"字代替1810、用"汪"字代替31101、用"汁"字代替310、用"汗"字代替3110、用"立"字代替1181、用"杂"字代替918、用"立"字代替1181等。

也可直接利用汉字的笔画。例如,毛主席早年写文章曾用过'二十八画生'的笔名,因为繁体字"毛泽东"3个字的笔画一共有28笔。1942年,毛泽东在延安与时任八路军总政治部副主任的谭政闲谈时,曾对谭说:"你数一数'谭(譚)政'两个字是多少笔画?"谭政比划完后说:"二十八画。"毛泽东说:"我的名字'毛泽东'也是二十八画。……这二十八画不平常喽,你看共产党、共产主义,这中间的'共'字,就是二十八画嘛!……以前我写的文章,就用过'二十八画生'的笔名,别人会想到'毛泽东'三字是二十八画,其实我这个笔名就暗喻着'共'字。"

采用这种方法,不一定要用某一个汉字的全部笔画,可以只用前几笔,例如,与"澎"字相对应的数据是31010813,如果需要记忆的数据仅仅是310108或3101081等,仍然可以用"澎"字记忆(如果数据是自动电话号码,后面多拨几位数照样能接通,并不会引起错误)。

这种方法特别适合于设置密码,选择一个很容易记忆的汉字后取其笔画，用的时候能很快想起来。

4.5.4　利用四角号码

四角号码查字法口诀如下：

横一垂二三点捺叉四插五方框六

七角八八九是小点下有横变零头

熟悉四角号码查字法的人见到汉字就能说出对应的四角号码，但是再熟悉的人也不可能见到四位数以后就能立即回答出对应的汉字是什么，而且有的号码没有与之相对应的汉字。所以这种方法的应用过程应该是这样的：把需要记忆的四位号码（有时的加上识别码可达五位）与四角号码检字表对照，看有没有合适的汉字。所谓"合适"，是指对应的汉字与所代替的数据的属性的某种联系。只要经常去查去想，有时的确能找到很"合适"的汉字代码。

此外还可以把四角号码的方法引申如下：按照书写的顺序一直取下去，而不是只取一个汉字的四个角。例如："金"字就对应于 81481 等，这样，取码的范围可以大大地扩展。

4.6　其他方法

4.6.1　数学法

科学家爱因斯坦把电话号码 24361 记成"两打（$12 \times 2 = 24$）和 19 的平方 361"，他用的就是数学法。

数学法的含义很广,可以用算术的加减乘除和代数知识,例如:

数据 733622 可以记成是 733 减 111 后得 622。

数据 84326 可以记成是 8×4＝32,3×2＝6。

数据 14916 可以记成是 N 的平方。即 1 的平方等于 1,2 的平方等于 4,3 的平方等于 9,4 的平方等于 16。

有时一个数字可以用多种数学方法记忆。例如,1392 可以用以下 3 种数学方法去记:

(1) 应用小学学过的算术知识。记成:首尾相加后乘以第二位等于第三位。

(2) 应用初中学过的代数知识。记成:1︰3 等于 3︰9,两组等比级数。

(3) 应用高中学过的代数知识。记成:3 的 0 次方等于 1,3 的 1 次方等于 3,3 的 2 次方等于 9。

也可以只对数据的某一个部分应用数学法。例如记忆数据 23789 时,由于 2×3＝6,因此可以记忆成"6"789;90360 可以记成"9 同 3＋6 相同"。

4.6.2　加工法

有些数据经过加工以后非常利于记忆。加工的方法有以下几种:

1. 移位法

例如数据 36457 中的 6 往后退两位即可得 34567,所以数据 36457 的记忆口诀为"6 退 2"。

数据 765241 与数据 7654321 对比,缺少 3,而且需要把 4 的位置往前进一位,所以数据 765241 的记忆口诀为"缺 3,4 进 1(位)"。

数据 301241 与递增数据 01234 对比,多了最后的 1,而且需要把 3 的位置往后退三位,所以数据 301241 的记忆口诀为"3 退 3,后加 1"。

移位的方法很多,有时把数据(部分或全部)倒读,或从中间某一位向左右读时成了很好记的数据。例如 7391,倒过来读就是 1937,正好是抗日战争开始之年,好记。

背记经过加工的数据时,可以加上一些潜台词或在适当的位置上停顿一下,以增加连贯性和节奏感。

2. 增减法

谜面为"金银铜铁——打一地名"的谜语的谜底为"无锡",模仿这种方法,可以把 3467 记成"无 5",把 234456 记成"多 4"。

4.6.3　小数点和破折号的记忆

数据中有时会混杂有小数点,除了可以用"点"及其谐音进行记忆外,还可以把它与度量衡或货币单位挂钩,例如可以把 22.3 记成"22 元 3 角"。

有的数据中有破折号,除了用"杠"及其谐音进行记忆外,还可以把它作为朗读时的停顿处,也可以理解为破折号后面的数据是对前面数据的补充和解释,例如可以把数据 6130——1707 中的 6130 理解为 6 辆 130 型卡车,把"——"理解为"相当于",把 1707 理解为 1 架波音 707 飞机,整个数字的记忆语句为:"6 辆 130 型卡车的价值(或运载量)

相当于 1 架波音 707 飞机"。

有的数据中有字母,则可以利用字母的英语或汉语意思帮助记忆,例如 R4707 可以记忆成"Repair(修理)4 架 707(飞机)",AK4793 可以记忆成"AK47 自动步枪 93 支"等。

4.6.4　添枝加叶

应用以上介绍的某一种记忆数的方法于某一个具体的数据时,有时会碰到这样的情况:如果在数据的某一个位置上多一个或几个特定数据的话,可能就非常便于记忆。在这种情况下就可以用"添枝加叶"的方法把需要记忆的数据改造成便于记忆的新的数据,下面以实例说明。

例如,数据 10981 不是很好记忆,如果加上 130,其和为 11111。这样,记忆数据 10981 就转化为容易记忆的 130 和 11111 两个数字了。

又如,笔者的一个用两根软管的节水马桶的专利号码为88217175.5,应用谐音法记忆的口诀为"白白(88)软管两(2)根,一拐一拐(1717)就行了,只花五元五角(5.5)钱",不但顺口好记,而且与这个专利的工作原理(即其属性)紧紧地挂上了钩,因此记得很牢。其中的"软管"、"根"、"就行了"、"只花"和"钱"等字是外加的。

又如,电话号码 896892 不好记,如果在前面再加上一个 6,使之成为(6)896892,就是两个 689,比较好记。

4.6.5　粗化和整数化

在数据通信中,为了把模拟的量变换成数据信号,必须经过一个称为"量化"的步骤,按照四舍五入的原则把连续的信号变换成不连续的信号,以便于对其进行数据化处理。我们也可以把这种方法应用到记忆各种数据的过程中去,方法如下:

(1)实际工作中碰到的数据往往是有零有整的,例如某学院的教员总数为 385 人,其中基础课教员 227 人,全院有高级职称的教员为 114 人,不是很好记。但若对这些数据进行"粗化",使之向整数靠拢,尤其是向熟记的整数靠拢,就比较容易记住。例如可以把上面所举的教员人数"粗化"成众所周知的电压数 380、220、110,就不会忘记了。而且非常有趣的是,在用到这些数据时,"粗化"了的数和原始数会一起出现在脑海里。也就是说,"粗"的记住了,"细"的也记住了。

另一种"粗化"是把相近的数据向某一数据靠拢,以利于记忆。例如,312 国道从南京到上海是 314 公里,从南京到杭州是 315 公里,可以认为都是 312 公里,即"312 国道 312 公里"。

(2)工作中经常要与经费打交道,亿、千万、百万、十万、万、千、百、十、个位,数据一大串,有时还有小数点。对于搞财务工作的人来说,是多少就是多少,要分毫不差,而且要熟记,能脱口而出。不是专门搞财务的人去记这样的数据,用不着眉毛胡子一把抓,去记所有的数据,因为这样的数据不但不好记,而且还会"捡了芝麻,丢了西瓜",可能记住了几千、几百、几元、几角、几分,但记不住几十万几百万。所以应该对数据进行"粗化",略去那些不重要的数据,例如,某单位的年度总支出为一千八百五十七万三千四百二十七元六角四分(即 18573427.64 元),就可以"粗化"成一千八百六十万元(即 18600000 元)。"粗化"以后的数据不但上口好记,而且抓住了主流和本质。

(3)购物算账时应对价格进行"粗化",以快速判定大体上是多少钱。在百货大楼收款台前,常常可以看到这样的情况:顾客选购了一大堆物品后站在收款台前,对收款员算出的总数有疑问,仔细算吧,后面的顾客又催得紧,只得草草付款,回到家里一细算,多付了或少付了钱,成为憾事。有的虽然对收款员算出的总数没有疑问,但与自己原先估计的总数和准备的钱相差甚多,当时付不出,不得不退掉一些货等,从而使自己处于很尴尬的境地。为了避免出现此类问题,购物时要对价格进行"粗化",略去无关紧要的位数,使之尽量成为便于计算的整数。这样,很快就能得知总数大体上是多少,自己准备的钱够不够。当然,"粗化"以后算出来的总价钱可能差几元。对于大量购物来说,差几元问题不大。

4.6.6　机械记忆

　　以上介绍的各种记忆方法都对数据进行了处理,机械记忆法则是直接记忆数据。数据记多了,尤其是位数长的数据记得多了以后(例如记住了圆周率几百位),碰到十来位数据时,完全有信心直接记住它们。

4.7　与数据的属性挂钩

　　各种数据的重要性是不一样的,有的数据只在某一个很短的时间内有用。例如,到某一个不常去的地方出差时所要用的一些单位的电话号码等。对于这些数据,不管采用什么方法,只要能暂时记住就行了,并不一定要过分讲究所用的方法是否好,记忆是否牢固。但是对于一些使用频繁的重要数据,则应讲究记忆方法,尽量与数据的属性挂钩,以便使用时能准确地回忆起来。

前面介绍的各种记忆数据的方法中,用规律法找到的记忆线索一般说来是有意义的,因而能形成意义记忆。其他几种记忆方法找到的记忆线索不一定能形成意义记忆。例如,一位姓吉的人家里的电话号码是6723,暂时记忆时可以用6+3=9和7+2=9这样简单的数学法进行记忆。很显然,这样的记忆法没有与所要记的数据本身的属性挂上钩,基本上还是机械记忆,效果不好,因而只能保持比较短的时间。要想牢牢地记住,还得继续找其他记忆方法,直到用五笔字型法牢牢地记住。因为经过变换以后,67对应于"土"(详见4.5.2节),23对应于"口",6723对应的二级简码就是"吉"字。

这里所说的数据的属性是广义的,可以海阔天空地去想去找,可以从数据的分类(电话号码、科学数据、财务数据、证件号码等)、使用单位和人员的情况(名称和其工作性质、历史和现状等)、时间、地点等方面去想去找。例如,1981年创造背圆周率31 811位纪录的印度人马哈代万看到了如下6×8矩阵:

111 467

783 124

180 279

617 453

391 655

326 789

他进行了以下一些联想,与数据的属性挂上了钩。

第二行的 312 是芝加哥地区的电话区号，第四行的 1745 四位数压缩为 39，因为美国政治家富兰克林在 1745 年时正好是 39 岁，第一列的 171633 用数学法：17＋16＝33。

由此可见，数据的属性是多方面的。

有人担心用各种各样的方法在大脑里记了这么多的信息，不会混淆吗？对于这样的疑虑，我们可以用记忆汉字打一个比方。在外国人看来，"大"、"太"和"犬"很难分清，但是我们中国人不是都分得很清楚吗？关键问题在于熟练，熟练了就能明察秋毫，就能看出和记住微小的区别。

4.8　不是多此一举

凡是应用上述各种方法进行记忆的人，都体会到用这些方法记忆数据的效果很好。没有实践过这些方法的人则往往认为多此一举，认为既然花了这么多的气力去找谐音，去进行形象化或编码，还不如直接去记忆数据本身来得简单和有效。其实完全不是这么一回事。下面以一个记忆试验结果为例，进行一些分析。

参加试验的是智力水平大体上相同的 8 个人，分成两组。其中一个组的 4 人听了笔者半个小时左右的谐音法讲解，大体上了解了该方法的要领，但远远谈不上能熟练地运用该方法，除了他们从小以来自觉不自觉地掌握了的一些记忆方法以外，不了解本书所介绍的其他方法；另一个组的 4 人则完全处于自然状态，没有有意识地去学过什么记忆数据的方法。

试验开始后从电话号码本上随机摘出了 8 个电话号码,每个都是 7 位,抄在黑板上。要求参试人员设法记住,但不许用笔抄写在纸上。5 分钟以后,处于自然状态的一组人纷纷说已经记住了,受过半个小时谐音法训练的一组人则在 10 分钟或 15 分钟以后才说记住了,因为他们需要寻找谐音,所以多花了一些时间。

　　和记忆任何别的内容一样,记忆数据时的主要任务有 3 个,首先是"记得快",其次是"记得牢",最后是"记得准"。从以上情况看,就"记得快"这一点而言,用谐音法去找数据的谐音确实是有点多此一举,不如直接就数据记忆数据的方法来得快。但是记忆数据的目的在于日后的应用,也就是说光"记得快"是不够的,还必须"记得牢",日后应用这些数据时能回忆起来才行。也就是说,"记得牢"比"记得快"更重要,不能达到"记得牢"的"记得快"是没有什么实用价值的。

　　为了检验哪组人"记得牢",又进行了以下试验:在大家都说已经"记住了"以后,有意识地把话题转到别的方面,一个半小时以后,突然要求每个人用纸写下原来记住的 8 个电话号码。结果没有受过半个小时谐音法训练的一组人不管怎样冥思苦索,平均只能重复出 3.5 个,而另一组人则平均能重复出 6.5 个,几乎高出一倍。两个星期以后,又进行了一次复测,没有受过半个小时谐音法训练的一组人平均只能重复出 0.7 个了,而另一组人则仍平均能重复出 4~5 个,高出 6 倍以上。

　　由此可见,如同世界上万物都是相辅相成的一样,记忆数据时翻来覆去地研究数据本身的规律,寻找记忆的窍门,看起来多花费了一些时间,但终于牢牢地记住了所要记的数据,达到了目的,是值得的,不是多此一举。

此外,用机械记忆方法记忆数据,背记的次数多了就会感到枯燥无味,因而记不住。但是想出各种方法去记忆数据,则能引起兴趣,所以能记住。

4.9　关键在于多练

听他人介绍记忆数据的实例,似乎很容易理解和掌握,但自己碰到新的信息时却又不知道怎么记。这是学习任何一种知识时都有的一种现象:听别人讲,自己不去练习,不去应用,就不会在自己的头脑里生根,与根本没有听过的区别不大。提高记忆数据能力的关键在于多练习,具体的练习方法可用以下几种:

(1) 如有决心和毅力,以背记圆周率最为有效(详见第5章)。

(2) 把自己记事本里的常用电话号码抄下来进行记忆方法的练习。练习时要一种方法用到底,不达目的不罢休。常用的电话号码全部记住了以后,可以从电话本里随意挑选一些电话号码进行练习。

(3) 无论是在行进间还是静止时,见到数据就记,例如路上见到汽车就记车牌号码,看到或听到广告节目中的电话号码等都可以记忆。只要坚持这样练习一段时间,就会形成条件反射,见到数据就想记,而且也会记。

(4) 几个对记忆数据感兴趣的人在一起,说出各自对于某些数据的记忆方法,然后比较它们的优点和缺点。实践证明,这种学习记忆数据的方法不但能引起参加者的兴趣,而且可以博采众长,学到很多绝妙的记忆数据的方法。

例如笔者与一位对记忆感兴趣的同事去沈阳开会,会议主持单位临时在我们住的房间安了一部电话,号码是 73145。我们在一两天内连续不断地讨论如何记这个号码,最后找到了如下一些记忆方法:

① 首先找到的是 73145 的谐音"吃山药是我",比较上口好记。

② 另一个谐音为:"奇山绕死我"。

③ 也可采用"数学法",前两位数之和等于后三位之和,即:$7+3=1+4+5=10$。

以上这 3 种方法都很好记,我们在沈阳只住两天,从实用的角度看,找到这样的记忆方法就够用了。

为了锻炼记忆数据的能力,设法与该电话号码的属性挂钩,找到了以下方法:

① 把这个电话号码反过来读的谐音是"我是要三七"。会议一开始,会务人员询问与会者要不要买东北地区的特产人参和鹿茸一类的药品,我们都不要,我们却想买西南地区的特产"三七",即"我是要三七",这样就与"东北、沈阳"等挂上钩了,使用时能回忆起是在沈阳出差时用的电话号码。

② 73145 的汉语拼音为:Qi San Yi Si Wu,由第一个字母组成的字母串为 QSYSW,引申成"去沈阳是我",与从南京去沈阳的状况联系起来了,能回忆起是沈阳的电话号码。

③ 利用另一个谐音"妻散遥思我"。与我同行的人的家属在南京,出差去沈阳就与其妻子分散了,所以说"妻散遥思我",也与出差到沈阳挂上了钩,能回忆起是沈阳的电话号码。

④ 用五笔字型 3145 对应于"管"字,第一个号码 7 的谐音为"齐",所以整个电话号码可以变换成"齐""管"两个字。这次到沈阳出差是应会议主持单位之请而来的,一切费用都由他们出,也即一"齐""管"了,也与出差的属性联系起来,能回忆起是沈阳的电话号码。

⑤ 把 731 转换成拉丁字母 LEI,汉语拼音为"累","731"45 就成了"累死我"了。笔者出差前刚病愈,体力不支;飞抵沈阳后没有立即碰到接我们的人,致使我们在零下十几度的严寒中站立等候了 40 分钟左右,所以"累死我"。也与这次出差的情景挂上了钩,能回忆起是沈阳的电话号码。

⑥ 谐音成"731 死无",意指日本在东北地区建的"731"细菌部队的人都死没了,"731"细菌部队曾经在东北的黑龙江省建立细菌工厂,沈阳也在东北,因而可以记住是去沈阳出差时用的电话号码。

4.10　一种方法练到底

读者在学习某一种记忆数据的方法(编码法除外)时,应该与书中所举的每一个例子对应,自己另外任选一个数据,练习用这种方法去记。这后一步练习是很重要的,因为看着书上写着的例子和方法,似乎并不难,但并不一定能灵活应用这些方法于实际的数据。

为了真正掌握每一种方法,练习时要一种方法走到底,不要碰到一点困难就认为这种方法对于这个数据不适用而转练另一种方法。有的数据粗略一看,似乎不可能找到什么记忆线索,但只要细想细找,或许可以找到答案。

只要坚持一种方法一种方法地练习下去，一定会大大地提高快速反应和随机应变的能力，见到一个数字，往往多种记忆方法交织在一起，一齐出现在脑海里，很快可以综合出记忆的线索。

4.11　电话号码的记忆

4.11.1　必要性

说到记忆电话号码，有的人认为一般办公室里都有电话号码本，办公桌玻璃板下面有常用电话号码表，随身带的记事本上也有常用电话号码，打电话时看看就行了，用不着记忆。实际情况并不完全是这样。据统计，为了提高办事效率，一般办公人员应该记住 20 个左右的常用电话号码，对外联系多的人要记住 100 个左右常用电话号码。做到这一点的人打起电话来，干脆利索。有了打电话的念头后拿起电话就打，很快就把事情办成了。由于不需要查电话号码，即使是在夜里和暗处也能打成电话。但是不少人不下工夫去记常用的电话号码，打电话时总离不开电话号码表，因而效率低，效果差，能办成的事情也可能错过机会而办不成。有趣的是，查电话号码时往往越着急越找不着，电话号码表明明就压在玻璃板下面，但一遍一遍就是找不到需要的电话号码，甚至找着找着又忘了要给谁打电话，或忘记了想要说什么事等。

拨通电话后经常会碰到没有人接或要找的人不在。如能熟记被找的人可能去的地方及相应的电话号码或他的手机号码，就可以一个号码一个号码不停顿地寻找下去，不会感到有多大的不方便，很可能拨上几次就找到了,把事办了。而如果记不住被找人可能去的地方及相应的电话号码,每打一个电话都要查一次电话号码本的话,两三次打不通就会放弃进一步寻找的念头,因而办不成事情。所以应该熟记常用的电话号码,用的时候能下意识地反应。或者反过来说,并不是在任何场所和在任何时候手头都有电话号码本,更何况有的电话号码是新增加的,老的电话号码本上还没有收入等。

与记忆其他任何信息一样,记忆电话号码时要有非记住不可的决心和一定能记住的信心。如果认为手头有电话号码本,记不记无所谓;或虽想记,但认为自己的记忆力不好,不可能记住的话,是一定记不住的。其实记住百来个常用电话号码并不难,我们既然能记住数千个象形的汉字和数千个拼音的英语单词,难道还记不住几十个、上百个常用电话号码吗?

4.11.2　注意事项

电话号码是数据的一种,各种记忆数据的方法都可以用来记忆电话号码。根据电话号码的特点,记忆时应该注意以下几点:

(1) 先记住查号台和中继线的电话号码。到了一个新的单位,首先要记住该单位的中继线号码和查号台的号码,这样,即使忘记了电话号码或找不到电话号码本,也可以问到所需要的电话号码。

(2) 分清哪几位是电话局号和区号,哪几位是用户特有的号码。

(3) 找出电话号码的特点和规律以帮助记忆。设计人员在制定一个单位的电话号码分配方案时总是有一定的考虑,也就是说,电话号码是有规律可循的,问题在于对不知道编制过程的人来说这些规律是隐含的,不用心去寻找不一定能看得出。

(4) 从电话号码本中找出一些容易记的号码作为记忆的"挂钩",把其他电话号码"挂"在这些"钩"上。例如,某学院电教中心有 5 个电话,其中闭路电视播映室是 84678。该学院所有的电话号码前两位都是 84,而此处的 678 是 3 个连续的数,好记。该中心的其他号码都在其前后,"挂"在这个"钩"上也就容易记住了。

(5) 自动电话交换机在收到用户发出的足够号码以后(例如 6 位),即开始动作,此时如果用户有意或无意地再发出多余的号码(例如发出第 7 位或第 8 位),交换机就不再处理了。利用这个道理,可以用以下方法记忆电话号码:

① 在需要记忆的电话号码后面增加一个数字或两个数字,使之便于记忆。例如可以把电话号码 71615 改造成 716151 以后,就是 71、61、51 这 3 个连续的节日,比较容易记住。

② 在需要记忆的电话号码后面增加一个或两个汉字,使之成为一句便于记忆的话语。例如可以把电话号码 84578 改造成 84578 糟,其谐音即为"不是乌七八糟",很上口押韵,容易记住。

经过以上加工以后,会在大脑里形成很深的印象,会牢牢地记住真正的电话号码。

(6) 把记忆某个电话号码过程中找到的记忆线索写在该电话号码的旁边,以便遗忘后再查时能一看就记住。不是很常用的电话号码一段时间不用可能忘记,把记忆线索写在旁边,再次用这个号码时就省得再费脑筋去找记忆线索了,而且还可以告诉别人如何记忆该电话号码。

4.11.3 记忆键盘位置

目前程控电话交换机所用的话机基本上都是按钮键盘式的,号码排列是矩阵式的。这种排列方式有以下好处。

(1) 每个具体的电话号码的拨打过程会在键盘上呈现一定的几何路径,或水平直线。或垂直直线、或对角线、或隔位等待。使用久了,会形成运动记忆。某个电话号码使用多了,往往能下意识地进行操作,而老式的拨号盘式电话机是难以做到这一点的。

(2) 每一个数字在键盘上都有确定的位置,即使在没有光线的情况下,凭着手感,完全有把握把电话拨打出去,而老的拨号盘式则很难做到这一点。

(3) 一般电话号码按键上除了有数据以外,还有拉丁字母,其对应关系如下:

1	2	3	4	5	6	7	8	9
	ABC	DEF	GHI	JKL	MNO	PQRS	TUV	WXYZ

这样,就可以把一个数字转换成字母串。由于一个数字对应多个字母,因此一个数字对应的字母串组合的数量很大,其中可能有些组合是有实际意义的。用手工去寻找哪个有意义是相当费事的,最好用电脑软件去寻找。1997 年 12 月的《个人电脑》杂志介绍了一个名为 Foneword/32 的"电话助忆器"的软件,它的专用词典存储了由一个字母到十个字母组成的英语单词 79 500 个,键入电话号码后,数秒钟内即可在屏幕上显示出与该数据相对应的有实际意义的英语单词。例如,62785873 的对应单词是 6CPU5USE,66336948 对应的英语单词为

"NO DENY IT"。Foneword/32 可以从美国 PC Magazine Online 网站下载。

键入关键词 Memorizing phone number 后在网上搜索,可以找到许多帮助记忆电话号码的程序,有兴趣的读者不妨一试。

4.11.4　等差记忆

一个单位的电话号码是连号的,可以把相差 5、10、50、100 等数的电话用户连在一起形成记忆链。这样做,不但有利于记忆,而且可以一下子记住好几个电话号码。例如某校招生办公室的电话为 84907,单独去记不太容易记住。在电话号码表上找与其相差某一个数而且又能形成记忆链的其他号码,找到了相差 10 的两个号码,即电脑实验室的84917 和电脑博士生导师 84927,3 个号码构成以下记忆链:"由招生办公室(84907)为电脑实验室(84917)招来的进行高科技项目研究的研究生正在博士生导师(84927)指导下进行研究工作"。不但记住了招生办公室的电话,也把其他的电话记住了。

一般人大脑里已经熟记了自己的以及与自己来往频繁的人的电话号码,应该有意识地利用等差法在电话本上找出能构成记忆链的其他号码,以收到事半功倍的记忆效果。

4.11.5　熟记程控电话的特种功能

程控电话交换机有各种特殊功能,例如闹钟功能、遇忙回叫、呼叫转移和拦截等。熟练掌握这些功能,使用起来得心应手,非常便利。可是不少人往往记不住操作步骤而互相混淆,用的时候手忙脚乱,几次用不好以后就干脆不用这些特殊功能了,把程控电话降级为普通电话。

其实只要稍微用点心,这些特殊功能的操作并不难记住。例如某种程控电话交换机,在遇到被叫用户正在通话听到忙音时,只要加拨一个"6"就可以等待对方讲完后自动回叫;接到电话以后如果需要把来话转移到另一个号码去,只要加拨"7"即可;在电话号码后面加拨"8"可以把正在响铃而无人接的电话"拦截"到自己话机上来等。利用谐音法,把功能的属性与加拨的号码联系起来,就很容易记住。例如"遇忙回叫"加拨"6",就是把自己刚拨过的电话号码"留(6)"住;加拨"7"就是把别人打来的电话"拐(7)"到另外的电话机上去;加拨"8"就是把正在响铃而没有人应答的电话"扒(8)"过来等。

4.12 实例

1990年初,笔者到南京某学院工作,组织机构、人员编制、人名、经费、电话号码等,都是新的,需要在短时间内基本记住,以便顺利地开展工作,记忆的量很大。由于在记忆实践过程中不断学习和总结各种各样的记忆方法,在比较短的时间内基本上记住了主要信息,大大地便利了工作,下面以记忆该院的概况和部分单位的电话号码为例作一简要介绍。

4.12.1 "粗化"后用挂钩法

记忆学院的概况,可以利用"挂钩法",即把需要记忆的各项内容分别挂在已经牢牢地记在自己大脑里的各种"钩子"上。由于不少情况是以数据的形式出现的,如果所用的"挂钩"是数据式的,而且与所"挂"的数据有某种联系的话,记忆的效果就特别好。

怎么往上"挂"呢? 可以采用本书介绍的各种各样的方法,最简单的和直观的方法就是对所要记忆的数据进行"粗化",使之"等于"或"接近"所用"挂钩"的数据特征。例如一般人大脑里都已经牢牢地记住了交流电压 220 伏这个数据式"挂钩",如果需要记忆的数据是 225 的话,就可以把它"粗化"成 220 后"挂"在"220 伏"这个"挂钩"上。

在反复研究该学院各项概况数据的基础上,把它们"粗化"成了以下几个数字和口头语。

1. "三七开"概括了全院的专业设置情况

该学院的本科设有载波通信、光纤通信、短波通信、卫星通信、微波通信、程控电话交换和自动化共 7 个专业,大专设有自动化、数据交换和卫星通信 3 个专业,可以用人们经常挂在嘴边的口头语"三七开"进行概括。

2. 数据 380220110 的反复应用

首先把各类教员的数目"粗化"为 380、220、110。该学院的教员总数为 385 人,其中基础课教员 227 人,全院有高级职称的教员为 114 人,不是很好记。但若对这些数据进行"粗化",使之向整数靠拢,尤其是向已经熟记了的整数靠拢,就比较容易记住。例如可以把上面所举的教员人数"粗化"成众所周知的电压数 380、220、110,就不会忘记了。

再把学院两处面积"粗化"为 380、220。该学院本部的占地面积为

385亩,把它"粗化"为380亩,分校的面积为236亩,把它"粗化"为220亩,又一次出现了一般人都很熟知的电压数值380、220,自然也就不难记住了。

而且有趣的是每当要用这些数据时,"粗化"了的数和原始数会一起出现在脑海里,也就是说,"粗"的记住了,"细"的也记住了。

把与教学和科研有关的经费"粗化"为220和110。1991年该院由上级拨下来的教学和科研经费约218万左右,"粗化"为220,对外协作收入的经费约为106万,"粗化"为110。这样,全校的教学和科研经费的约数又是一个220和110,很好记。

3. 数据6612概括了与教学有关的主要部门的情况

与教学工作直接有关系的主要部门有以下一些:教务处所属的6个科:教务科、教材科、器材科、科研科、研究生科和政工科;6个教研室:数学教研室、理化教研室、外语教研室、电路教研室、电子线路教研室和体育教研室;1个图书馆;2个中心:电教中心和计算中心。上述编制数量可以提炼为数据6612,其中的第一个6表示6个科,第二个6表示6个教研室,1表示1个图书馆,2表示2个中心,而且6+6=12,所以好记。

6个科的先后顺序和编制人数可以用以下的记忆链:院校的首要任务就是教学,所以第一个是"教务科"(编制人数为10人);搞教务要有教材,所以接下去是"教材科"(编制人数为4人);编教材需要用各种各样的器材,所以接下去是"器材科"(编制人数为6人);新式的器材需要经过科研才能制造出来,所以接下去是"科研科"(编制人数为

3人);科研需要有研究生参加,所以接下去是"研究生科"(编制人数为 3 人);所有部门都要做政治工作,所以接下去是"政工科"(编制人数为 3 人)。

由这些科的编制人数组成的数据为:1046333。这样的数据不是太上口,不好记忆。为便于记忆,可对其进行移位调整,并把处里的 3 个领导也算在内,使之成为 33334610。记忆时的潜台词为:"先数只有 3 个人的单位,处里 3 个领导、科研科、研究生科、政工科,一共有 4 个单位是 3 个人的,由此引出了数据 4;而 4 正好就是教材科的人数,加上器材科的 6 人就是 10 人,等于教务科的人数;全处人数之和为 32。"

6 个教研室的先后顺序可以用以下的记忆链:数学、物理和外语是现在理工学校的主要基础课,所以"数学教研室"、"物理教研室"、"外语教研室"在前面;接着是"电路教研室"和"电子教研室",一般要先学了"电路"之后才能学"电子",所以"电路教研室"在前。所有教员都应该加强体育锻炼,所以最后是"体育教研室"。

相应的编制人数的数据为:31 25 25 26 37 16。即使找不到什么很好的记忆规律,把这些数据连在一起组成数据以后也比分散记好记多了。

记住编制顺序以后,对记忆电话号码很有帮助。

4.12.2 从部分电话号码入手

该学院的电话网是新建的,每个小单位的电话号码连续成片,非常有利于记忆。

部分单位的电话号码如下:

查号台84614,谐音成"不是楼钥匙",潜台词为:"我拨这个电话是要查号台,不是要楼钥匙"。

　　教务科科长办公室 84537

　　教务科科长宿舍 84538

　　计划组办公室 84539

　　实施组办公室 84540

　　教材科科长办公室 84564

　　教材科科长宿舍 84565

　　教材科科员办公室 84566

　　教材科打字室 84567

　　器材科科长办公室 84569

　　器材科科长宿舍 84570

　　器材科科员办公室 84571

　　器材科仪表组 84572

　　科研科科长办公室 84574

　　科研科科长宿舍 84575

　　科研科科员办公室 84576

　　研究生科科长办公室 84578

　　研究生科科长宿舍 84579

　　研究生科科员办公室 84580

　　政工科科长办公室 84583

　　政工科科长宿舍 84584

　　政工科干事办公室 84585

数学教研室主任办公室 84607

数学教研室主任宿舍 84608

理化教研室主任办公室 84617

理化教研室主任宿舍 84618

外语教研室主任办公室 84631

外语教研室主任宿舍 84632

电路教研室主任办公室 84641

电路教研室主任宿舍 84642

电子教研室主任办公室 84654

电子教研室主任宿舍 84655

图书馆主任宿舍 84689

图书馆主任宿舍 84690

电教中心主任办公室 84675

电教中心主任宿舍 84676

电教器材制作室 84677

闭路电视演播室 84678

计算中心主任办公室 84682

计算中心主任宿舍 84683

计算中心机房 86684

体育教研室主任办公室 84686

体育教研室主任宿舍 84687

仔细看这些电话号码,就可以发现不是 845××就是 846××,其中的第三位数是 5 还是 6 取决于某一单位在电话号码表中的位置,数学教研室是分界线,在它前面的是5,后面的是6,所以记忆的重点是后两位数。

在记住了编制顺序以后,再看看哪些电话号码好记。政工科科长叫"武心福",可以谐音成"吾幸福",再把他宿舍的电话号码谐音成"不是(84)无(5)BUS(84)",意为"不是没有车"。可以设想成他是有车不坐而徒步上班,虽然累一点,但是"吾心(里)幸福",与他名字的谐音相一致。加一减一,即可得到政工科干事办公室和科长办公室的电话号码。

教务科科长家的电话号码是84538,他的妻子是河南人,干家务活非常勤快,据此可以把538谐音成"无三八",意指即使是三八妇女节放假在家也不休息。记住了他家里的电话号码以后,他的办公室电话号码就是84537,教学计划组的电话号码为84539,实施组为84540。

教材科打字室的电话号码是84567,567是3个连续数,好记。从此可以推算出科员办公室的电话号码是84566,科长家里的电话号码为84565,科长办公室的电话号码为84564。

科研科科长办公室电话号码是84574,由于目前的科研合同都实行合同制,不履行合同是要打"官司"的,所以可以把574谐音成"无官司",意指在签订合同时要考虑周到,以做到在执行合同过程中"无官司"。记住了这个号码以后,科长宿舍电话就是84575,科员办公室电话就是84576。

研究生科科长办公室电话号码为84578,该单位的档案整理得很整齐,应用谐音法,把84578谐音成"不是乌七八(糟)"后也就记住了。由此可以推出他家里的电话号码为84579,科员办公室的电话号码为 84580。

　　数学教研室主任办公室的电话号码为 84607，其中的 607 可以谐音成"有灵气"。大学学的高等数学很抽象，教大学数学的人是要"有灵气"的。

　　理化教研室主任办公室电话号码为 84617，该教研室的化学教学任务已经暂时撤销，但是化学实验用的仪器要留下，据此可以把 617 谐音成"留仪器"。

　　外语教研室主任办公室电话号码 84631，3 和 1 的拉丁字母形象分别是 E 和 I。可以把 E 和 I 想象成 English Instructor（英语教员）两词的缩写，所以也好记。

　　电路教研室主任办公室 84641，该室的一位副主任叫作芦世元，"元"在汉字中就有"1"的意思，这样电话号码的后三位 641 正好是"芦世元"三个字的谐音，也就记住了。

　　电子教研室主任办公室电话号码为 84654，该教研室的年轻人很多，可以把后面的 54 形象为"五四青年节"。

　　学校图书馆的面积不够，馆长办公室的电话号码是 84689。其中的 689 的谐音为"留不够"，有助于记忆。

　　闭路电视演播室电话为 84678，是 3 个连续的递增数，好记。据此，可以推出电教器材制作室为 84677，主任家里为 84676，办公室为 84675。

　　计算中心主任办公室的电话号码是 84682，可以从两个途径去记这个号码。应用谐音法，82 的谐音是"布尔"，布尔代数是电脑二进制的基础，是与计算中心有联系的。另一个记忆方法是把后面的三位数倒过来读。这样主任办公室就是 286,主任宿舍就是 386,机房就是 486,都是微机档次的序号,好记。

　　经过这样的分析和记忆,很快就把与自己工作有直接关系的全部电话号码都记住了,工作起来非常方便。

　　难以找到记忆线索的就只有器材科和体育教研室了,即使采用机械记忆法也可以记住。

4.13　其他

　　从以上介绍的各种数据的记忆方法中我们可以得到以下几点编制数据的启示:

　　(1)编制批量数据时应该尽量使之具有规律,以便于使用者记忆,而不要"乔太守乱点鸳鸯谱",随意性太大。

　　(2)避免使用容易引起歧义的数据。例如大写英语字母 I 和 O 容易混淆为阿拉伯数据 1 和 0,尽量不要使用。

　　(3)不要画蛇添足。实际生活中,有的信息本来已经是清楚的和唯一的,再增加其他信息,反而画蛇添足,引起混淆。例如火车的软卧车厢,左侧门上写的是 1、2、3、4、5、6、7、8、9、10、11、12 等,表示房间号,右侧门上又写着 1、2、3、4 等,表示每一个房间里的铺位号。不了解这两种号码的含义的人,拿到铺位为 4 的票,一上车后很可能会进入第 4 号房间,而不是去第 1 号房间的第 4 号铺位。为免除混淆,应该直接在门外标铺位号,根本没有必要再标房间号。

第 **5** 章

如何背圆周率

5.1 圆周率是好教材

各种各样的数字(电话号码、证件号、车牌号、账号、数学数值等)都可以作为练习各种记忆数字方法的对象,其中以圆周率最好。因为它是一个无理数,小数点后面无限不循环,因而把它作为检验和训练记忆力的教材,具有极大的挑战性和吸引力。

5.2 圆周率前 1100 位

圆周率等于多少? 没有专门下工夫记过的人,一般只能回答出是3.14 或者是 3.1416,能回答出是 3.14159 的人就比较少了。虽然不少人从各种新闻媒介中也曾了解到有人能记住小数点后面十几万位,但是如果要求他们记住小数点后面几十位或上百位,就觉得困难很大。从后面的分析可以知道,只要很好地运用前面介绍的各种记忆数字的方法,纵然不一定能记住上万位,但是记住几十位甚全几百位并不是很困难。

由于圆周率是一个无限不循环的数,小数点后面要多少位有多少位。1999 年日本人 Takahashi 和 Kanada 使用 HITACHI SR8000 电脑,获得了小数点后面 2061 亿位。下面仅列出小数点后面 1100 位,供背圆周率时使用。

第一个百位

3. 14159 26535 89793 23846

26433 83279 50288 41971

69399 37510 58209 74944

59230 78164 06286 20899

86280 34825 34211 70679

第二个百位

82148 08651 32823 06647

09384 46095 50582 23172

53594 08128 48111 74502

84102 70193 85211 05559

64462 29489 54930 38196

第三个百位

44288 10975 66593 34461

28475 64823 37867 83165

27120 19091 45648 56692

34603 48610 45432 66482

13393 60726 02491 41273

第四个百位

72458 70066 06315 58817

48815 20920 96282 92540

91715 36436 78925 90360

01133 05305 48820 46652

13841 46951 94151 16094

第五个百位

33057 27036 57595 91953

09218 61173 81932 61179

31051 18548 07446 23799

62749 56735 18857 52724

89122 79381 83011 94912

第六个百位

98336 73362 44065 66430

86021 39494 63952 24737

19070 21798 60943 70277

05392 17176 29317 67523

84674 81846 76694 05132

第七个百位

00056 81271 45263 56082

77857 71342 75778 96091

73637 17872 14684 40901

22495 34301 46549 58537

10507 92279 68925 89235

第八个百位

42019 95611 21290 21960

86403 44181 59813 62977

47713 09960 51870 72113

49999 99837 29780 49951

05973 17328 16096 31859

第九个百位

50244 59455 34690 83026

42522 30825 33446 85035

26193 11881 71010 00313

78387 52886 58753 32083

81420 61717 76691 47303

第十个百位

59825 34904 28755 46873

11595 62863 88235 37875

93751 95778 18577 80532

17122 68066 13001 92787

66111 95909 21642 01989

第十一个百位

38095 25720 10654 85863

27886 59361 53581 82796

82303 01952 03530 18529

68995 77362 25994 13891

24972 17552 83479 13151

5.3 背前一百位

5.3.1 谐音法

第 4 章介绍的各种记忆数字的方法都适用于背圆周率,例如可用谐音法编写出以下 100 个字的故事。

首先设想一酒徒在山寺中狂饮致醉,爬山摔到山沟里的过程(30 位):

　　　　　3. 14159　　　　26　　　　　　　　　　535897

山巅一寺一壶酒。儿乐,(夸自己的酒量大,说:)"我三壶不够吃"。

　　　　　　　　　　　　932　　　　　384　　　626

(别人劝他不要喝,说:)"酒杀尔",(酒量大)杀不死,乐而乐。

　　　　　　　　433　　　　　　　　　　83279

(喝醉后逞能)试上山,(醉得摔到山沟里)爬山儿弃沟。

接着设想"死"者的父亲得知后的感想(15 位):

　　502　　　8841971　　　69399

我疼儿:"白白死已够凄矣,留给山沟沟"。

再设想"死"者的父亲到山沟里三番五次寻找儿子的情景(15 位):

37510　　　　58209　　　　　　　　74944

"山崎我要登,我怕儿等久",(找不着时的性情)凄事久思思。

再设想在一个山洞里找到"死"者并把他救活后的情景(40位):

592　　307　　816　　406　　286　　20899

我救儿,山洞拐,不宜留。四邻乐,儿不乐,儿疼爸久久。

86280　　　　348　　25　　34211　　70679

爸乐儿不懂,"三思吧!"儿悟,三思而依依,妻等乐其久。

5.3.2　倒背 100 位

在用上述顺口溜记住了小数点后第一个一百位以后,就可以练习倒背,从第一百位开始往第一位背。

倒背第一个100位可以有两种方法:一种是把这100位数倒着排列成另一个100位数字,然后依次背诵。这种方法没有什么特点,等于又背了一个100位的数字,不再详述。

另一种方法是在原来正向熟背的基础上倒着说出来。如果每倒着背一位数都要在脑子里从第一位正着背起的话,就会显得不连贯,而且也太繁了。比较简单的方法就是5位一组,4组一行,记住行与行之间、组与组之间的关系位置之后,倒背时就能立即判断出已经背到第几行和第几列(也即第几位)了。这样,脑子里默念时只要正着念五位数就行了。

仔细观察第一个百位的数值,可以发现以下有助于记忆的线索:

(1) 每五位数一组中尾数为 9 者共有 6 组,它们的位置呈 Y

形,即:

3.14159

83279

69399　　　58209

20899

70679

尾数为 0 者有 3 组,它们的位置呈 L 形,即:

37510

59230

86280

(2) 由每一组的最后一位数组成的数串为:

9　5　3　6

3　9　8　1

9　0　9　4

0　4　6　9

0　5　1　9

第一列的 93900 中的 9900 这 4 个数已经由前面介绍的记忆线索概括了,真正需要记忆的只是一个 3。

第二列的 59045 可以谐音成"59 等 45",与乘法口诀一致,好记。

第三列的 38961 可以谐音成"38 跟 61",此处的"跟"字当"和"解,而 38 和 61 正好是两个节日,好记。

第四列的 61499 可以谐音成"61 思久久",想象一个久久盼着过"六一"儿童节的形象也就记住了。

5.3.3 教小学生背 100 位

以上背记 100 位的顺口溜中有一些小学生难以理解的词语,但是只要进行适当的讲解,仍然可以教会他们在短时间内记住一百位。笔者曾对不同年级的小学生(最低者为小学一年级)进行过训练,都取得了成功,几乎都能在一两个小时内顺利地记住 100 位。根据小学生的特点,练习时可采用以下步骤:

(1)以顺口溜的分段情节为单位,一段一段地教。先说出汉字让他们默写出来并讲出其含义,如果不懂,就进行讲解,一直教到他们能独立地重复说出该段话为止。

(2)让他们独立地把已经能背出来的话翻译成阿拉伯数字,碰到翻不出来的(例如,7 和 0 的谐音等),就告知结果。

(3)用不了五六分钟的时间,就可以记住第一段情节的 30 位,从而大大提高其信心与兴趣。然后滚动前进,教新的情节。

(4)每教一段新的情节都从头开始,不断复习已经记住的情节和对应的数字。

如能把以上背记 100 位的顺口溜中的情节绘制成连环画,就可以用来教学龄前儿童。

5.3.4 独立记住下一个 100 位

以上用谐音法编制的 100 位记忆顺口溜虽然东拼西凑,牛头不对马嘴,但是却把抽象的数字形象化了,非常有利于记忆。笔者曾在不同层次的人中间做过试验,只要稍为用点心,一般几分钟就能记住几十位,个把小时就能背出一百位。对于不了解其中记忆窍门的人来说,也许会感到惊讶,认为在这么短的时间里能背出百来位数的人的记忆力一定比较好,其实对于任何一个智力正常的人来说都是一件轻而易举的事。

这种快速记忆是建立在已有顺口溜的基础上的,如果自己独立去背记另一个一百位,情况就完全不一样了:从哪位数到哪位数算一句话,用什么谐音,意思通顺不通顺,便不便于记忆等,都要靠自己去摸索,所花的时间就要长一些。但是从提高记忆数字能力的观点看,通过自己努力找到的记忆线索才能记得更牢,受到的能力锻炼也比接受现成的方法大得多。读者如果想检查一下自己是不是真正掌握了运用谐音法记忆数字的要领,不妨去试试记住下一个百位。

5.4 背百位的顺序

采用同样的方法,以百位为单位记住十个百位共 1000 位以后,可以使用以下方法准确地确定每一个百位的位置:

首位数序列:十个百位的首位数分别为 1、8、4、7、3、9、0、4、5、5。前 4 个数是 1847,是《共产党宣言》起草之年,一下子就记住了。后面 6 个数为 390455,其谐音为"山沟冻死我我"。过去我曾在 -30℃ 以下的山沟里施工,真是"山沟冻死我我",因而很好记。

如果不知道《共产党宣言》起草于 1847 年,可用以下方法记忆。前三个数为 184,谐音为"一巴士"。后七个为 7390455,其谐音为"拐山沟,冻死我我"。

末位数序列：十个百位的最后一位数合在一起为 9634225939，可记忆为"酒楼上试二两，没酒上酒"。

第二个百位的最后三位数为 196，第三个百位的第一位数为 4，合在一起是 1964(年)；第三个百位的最后两位数为 73，第四个百位的第一位数为 7，合在一起是 737(飞机)；第五个百位的最后六位数为 194912，第六个百位的第一位数为 9，合在一起是 1949(年)129(运动纪念日)；第七个百位的最后一位数为 2，第八个百位的前三位数为 000，合在一起是 2000(年)。所有这些都有利于记住各个百位的先后顺序。

5.5　背圆周率的作用

背圆周率有以下作用：

（1）锻炼大脑

记忆圆周率对于锻炼大脑的作用很像体育锻炼对于身体各部分机能的发育和健康的作用。如同疲劳的体力劳动不能代替体育锻炼一样，工作中不断处理"伤脑筋"的事并不能代替对于大脑的锻炼。有的体育运动项目主要锻炼身体的某一部位，而有的项目则能比较全面地锻炼身体的多个部位。脑力锻炼也是一样，有的只能锻炼大脑某一部位的功能，有的能锻炼多个部位的功能。不断地背记几千几百位圆周率，并不只是简单的机械记忆，需要动脑子寻找记忆窍门，所以有助于脑力的发展和保持。

经常锻炼身体的人即使到了老年动作也不迟钝，经常锻炼大脑的人到了老年仍能保持比较好的智力，不少年事很高的脑力劳动者思路清楚的原因就在这里。

据称,曾创背记圆周率世界纪录的日本人友寄英哲在背诵过程中,晚上睡眠情况大为好转,记忆力大大增强,动作反应也变得异常的灵敏。由此可见背记圆周率确能起到锻炼大脑的作用。

(2) 养成背诵的习惯

背记数百位、数千位的圆周率的数值,是要下一番工夫的,不是一日之功,背诵多了,就会形成一种背诵的习惯。

(3) 学会或自己创造一些记忆数字的方法

要记忆上百位、上千位的无理数,完全靠机械记忆是不容易的,在记忆过程中,自觉不自觉地要用一些记忆数字的方法,而且很可能找到一些自己独创的方法。这种运用和创造记忆方法的能力是有普遍意义的,是脱离圆周率而存在的,会在记忆别的内容时表现出来。所以,从这个意义上讲,即使具体的数字忘记了,但学会的方法和锻炼出来的能力并没有消失,会融入自己的总体知识和能力之中。

(4) 提高对于数字的敏感性

背诵一段时间圆周率以后,自然而然地会对数字有比较高的敏感性,见到数字就想记。如路遇汽车就想记车牌号,看到或听到广告节目中的电话号码就想记等。

(5) 增强了记忆数字的自信心

自信心强了,记得快、记得牢。在学习过程中,之所以要订出背几百、上千位的目标就是为了证明自己记忆上的潜力。记住上百位圆周率以后,再去记忆只有十几位和几位的电话号码一类的数字,觉得容易得很;记住上千位以后,背 100 位就会觉得轻而易举。

（6）是一种有益的消遣和休息

无论是等车、乘车还是闲暇无事的时候，背背圆周率也是一种有益的消遣和休息。

5.6　若干资料

读者如果对圆周率有进一步的兴趣，可以上网查阅有关网站上的资料。以下是从网站（例如 http://www.jason314.com 和 http://www.exploratorium.edu/pi/Pi10-6.html）下载的一些资料。

5.6.1　圆周率的计算历史

古今中外，许多人致力于圆周率的研究与计算。为了计算出圆周率的越来越多的近似值，一代代的数学家为这个神秘的数贡献了无数的时间与心血。德国的 Ludolph Van Ceulen 几乎耗尽了一生的时间，计算到圆的内接正 262 边形，于 1609 年得到了圆周率的 35 位精度值，以至于圆周率在德国被称为 Ludolph 数；英国的 William Shanks 耗费了 15 年时间，在 1874 年算出了圆周率的小数点后 707 位。可惜，后人发现，从第 528 位开始他就算错了。

从工程应用而言，把圆周率的数值算得这么精确，实际意义并不大。现代科技领域使用的圆周率值，有十几位已经足够了。如果用 Ludolph Van Ceulen 算出的 35 位精度的圆周率值，来计算一个能把太阳系包起来的一个圆的周长，误差还不到质子直径的百万分之一。

19 世纪前，圆周率的计算进展相当缓慢。19 世纪后，计算圆周率的世界纪录频频创新。进入 20 世纪,随着电脑的发明,圆周率的计算有了突飞猛进的发展。借助于超级电脑,已经计算出小数点后 2061 亿位。

现在的人计算圆周率,多数是为了验证电脑的计算能力,还有就是为了兴趣。

5.6.2 纪录创造者一览表

时间	纪录创造者	小数点后位数
前 2000	古埃及人	1
前 1200	中国	1
前 500	圣经	1
前 250	Archimedes	3
263	刘徽	5
480	祖冲之(注)	7
1429	Al-Kashi	14
1593	Romanus	15
1596	Ludolph Van Ceulen	20
1609	Ludolph Van Ceulen	35
1699	Sharp	71
1706	John Machin	100
1719	De Lagny	127(112 位正确)
1794	Vega	140
1824	Rutherford	208(152 位正确)
1844	Strassnitzky & Dase	200
1847	Clausen	248
1853	Lehmann	261
1853	Rutherford	440
1874	William Shanks	707(527 位正确)

20 世纪后

时间	纪录创造者	所用机器	小数点后位数
1946	Ferguson		620
1947	Ferguson		710
1947	Ferguson & Wrench		808
1949	Smith & Wrench		1120
1949	Reitwiesner et al	ENIAC	2037
1954	Nicholson & Jeenel	NORC	3092
1957	Felton	Pegasus	7480
1958	Genuys	IBM 704	10 000
1958	Felton	Pegasus	10 021
1959	Guilloud	IBM 704	16 167
1961	Shanks & Wrench	IBM 7090	100 265
1966	Guilloud & Filliatre	IBM 7030	250 000
1967	Guilloud & Dichampt	CDC 6600	500 000
1973	Guilloud & Bouyer	CDC 7600	1 001 250
1981	Miyoshi & Kanada	FACOM M-200	2 000 036
1982	Guiloud		2 000 050
1982	Tamura	MELCOM 900 II	2 097 144
1982	Tamura & Kanada	HITACHI M-280H	4 194 288
1982	Tamura & Kanada	HITACHI M-280H	8 388 576
1983	Kanada Yoshino & Tamura	HITACHI M-280H	16 777 206
1985	Gosper	Symbolics 3670	17 526 200
1986	Bailey	CRAY-2	29 360 111
1986	Kanada & Tamura	HITACHI S-810/20	33 554 414
1986	Kanada & Tamura	HITACHI S-810/20	67 108 839

续表

时间	纪录创造者	所用机器	小数点后位数
1987	Kanada Tamura & Kubo et al	NEC SX-2	134 217 700
1988	Kanada & Tamura	HITACHI S-820/80	201 326 551
1989	Chudnovskys	CRAY-2 & IBM-3090/VF	480 000 000
1989	Chudnovskys	IBM 3090	525 229 270
1989	Kanada & Tamura	HITACHI S-820/80	536 870 898
1989	Chudnovskys	IBM 3090	1 011 196 691
1989	Kanada & Tamura	HITACHI S-820/80	1 073 741 799
1991	Chudnovskys		2 260 000 000
1994	Chudnovskys		4 044 000 000
1995	Takahashi & Kanada	HITACHI S-3800/480	4 294 967 286
1995	Takahashi & Kanada		6 442 450 938
1997	Takahashi & Kanada		51 539 600 000
1999	Takahashi & Kanada		68 719 470 000
1999	Takahashi & Kanada	HITACHI SR8000	206 158 430 000

注：祖冲之(429—500 年)，中国南北朝时期著名的数学家、天文学家和机械制造家。远在 1500 年以前，他计算出圆周率在 3.141 592 6 和 3.141 592 7 之间，成为世界上第一位将圆周率值计算到小数第 7 位的科学家。直到 1000 年以后，西方的数学家才达到祖冲之的成就。

5.6.3 最新计算纪录

圆周率的最新计算纪录由两位日本人 Daisuke Takahashi 和 Yasumasa Kanada 所创造。他们在日本东京大学的 IT 中心，以

Gauss-Legendre 算法编写程序,利用一台每秒可执行一万亿次浮点运算的超级电脑,从日本时间 1999 年 9 月 18 日 19：00：52 起,计算了 37 小时 21 分 04 秒,得到了圆周率的 206 158 430 208 位十进制精度,之后和他们于 1999 年 6 月 27 日以 Borwein 四次迭代式计算了 46 小时得到的结果相比,发现最后 45 位小数有差异,因此他们取小数点后 206 158 430 000 位的值为本次计算结果。这一结果打破了他们于 1999 年 4 月创造的 687 719 470 000 位的世界纪录。

小数点后 206 158 430 000 位的最后 20 位为：22144 96687 55157 30964。

5.6.4　各个数字出现的次数

(1) 在一百万位中

0：99　959　　　　　1：99　758

2：100　026　　　　3：100　229

4：100　230　　　　5：100　359

6：99　548　　　　　7：99　800

8：99　985　　　　　9：100　106

(2) 在 2000 亿位中

0：20 000 030 841　　　1：19 999 914 711

2：20 000 136 978　　　3：20 000 069 393

4：19 999 921 691　　　5：19 999 917 053

6：19 999 881 515　　　7：19 999 967 594

8：20 000 291 044　　　9：19 999 869 180

5.6.5　有趣序列的位置

数字序列	出现的位置(第几位)
01234567891	26 852 899 245
	41 952 536 161
	99 972 955 571
	102 081 851 717
	171 257 652 369
01234567890	
	53 217 681 704
	148 425 641 592
432109876543	149 589 314 822
543210987654	197 954 994 289
98765432109	123 040 860 473
	133 601 569 485
	150 339 161 883
	183 859 550 237
09876543210	42 321 758 803
	57 402 068 394
	83 358 197 954
10987654321	89 634 825 550
	137 803 268 208
	152 752 201 245
27182818284	45 111 908 393

5.6.6　圆周率日

3 月 14 日是圆周率日,从圆周率常用的近似值 3.14 而来。通常是在下午 1 时 59 分庆祝,以象征圆周率的六位近似值 3.141 59。一些用 24 小时计时的人会改在凌晨 1 时 59 分,因为下午 1 时 59 分他们是记作 13 时 59 分。全球各地的一些大学数学系在这天开派对庆祝。

这一天有不同的庆祝方式。一些圆周率会的人们会聚在一起思考圆周率在他们生活中的角色,和没有了圆周率的世界会是怎样。一些圆周率日庆祝会上人们还吃圆周率。这里圆周率(pi)等于馅饼(pie)。

此外还有圆周率近似值日。例如英国以 7 月 22 日为圆周率近似值日,因为根据英国式日期书写法,此日记作 22/7,为圆周率的近似分数。

5.6.7　圆周率歌曲

键入"Pi song"在网上搜索,可以找到提供圆周率歌曲的网站。这些歌曲大多是 MP3 格式。有的歌曲用英语逐个朗读圆周率的数值 3.141 592 6…,也有个别歌曲叙述圆周率的来历。截至 2009 年 11 月,网上还没有汉语的圆周率歌曲,键入"圆周率歌曲"在网上搜索,列出的几乎都是英语网站。

这些歌曲虽然不能帮助记忆圆周率的数值,但是偶尔听听也还是很有趣的。

传媒曾经报道,在日本有人把圆周率前 200 多位谱成歌曲,以演唱的方式进行记忆,但是没有刊登曲谱,笔者至今也没能从网上找到相关资料。

5.6.8 背圆周率的世界纪录

不同资料上列出的背圆周率的世界纪录数值不尽相同,以下是从互联网上收集的资料,其数值与英国《吉尼斯世界之最大全》的数据是一致的。

位数	创纪录者(国籍)	创纪录年份
511	David Richard Spencer(Canada)	不详
930	Nigel Hodges(Great Britain)	1973
1111	Fred Graham(Canada)	1973
1210	Timothy Pearson(Great Britain)	1973
1505	Edward C. Berberich(USA)	1974
3025	Michael John Poultney(Great Britain)	1974
4096	Simon Plouffe(Canada)	1975
5050	Michael John Poultney(Great Britain)	1977
6350	David Sanker(USA)	1978
10 000	David Sanker(USA)	1978
10 625	David Fiore(USA)	1979
11 944	Hans Eberstark(Austria)	1979
15 151	Hideaki Tomoyori(Japan)	1979
15 186	Creighton Carvello(Great Britain)	1979
20 000	Hideaki Tomoyori(Japan)	1979

20 013	Creighton Carvello(Great Britain)	1980
31 811	Rajan Mahadevan(India)	1985
40 000	Hideaki Tomoyori(Japan)	1987
42 195	Hiroyuki Goto(Japan)	1995
67 890	Chao Lu(China)(吕超)	2005

其中的 Rajan Mahadevan 当时是一位 23 岁的青年人,他在 3 小时 49 分钟内(休息 29 分钟)背出小数点后 31 811 位,平均每分钟背诵 156.76 位,创造了新的世界纪录,载入了 1986 年的英国《吉尼斯世界之最大全》一书。随后一位马来西亚人在 1998 年创下 59 956 位的新吉尼斯纪录。1999 年,马来西亚 21 岁大学生沈宝翰,正确无误地背写出圆周率小数点后 67 053 位。他是在 1999 年 4 月 14 日上午开始,在 15 个小时内创下这项纪录的。他没有过目不忘的能力,也没有特异功能。他凭的只是 3 个月来日夜不停地练习,背诵从互联网下载的 7 万位圆周率。他说:"我阅读了很多有关记忆力和心理学方面的书籍,最后决定用联想来背熟 7 万个数据。也就是说,每一个数字对我来说都是一种景象。例如,1 就是蜡烛,2 就是鹅,3 就是双下巴等。就算是 1001 或 9999,我脑子里都会浮现相关的景象。"

2009 年 6 月,报刊和互联网上纷纷报道,38 岁的乌克兰神经外科医生 Andriy Slyusarchuk 博士凭借其超人的记忆力,圆周率背诵到小数点后 3000 万位,创造了新的世界纪录。斯柳萨楚克来自乌克兰西部城市利沃夫,这并不是他第一次打破世界纪录。乌克兰报刊称此纪录已经被登记为新的吉尼斯纪录。媒体没有报道考核他背记的准确性,但是他先前曾创造背记 100 万位的世界纪录。打印出来的 100 万位有

250 页厚,把 100 万位写出来需要好几周,所以当时的考核方法是让观众随机指定某页或某段,他随即说出数值。专家认为这种检查方法比按顺序背要难多了。

5.6.9 我国的情况

我国著名科学家茅以升,年幼上学时通过刻苦努力,能背诵圆周率小数点后面 100 位数字,一次在新年同乐晚会上,他当众精确背出 π 值一百位,使同学们惊讶不已。此后他常年坚持,把背诵圆周率 100 位作为脑子锻炼的一项活动,所以即使到了晚年,他仍能背出 π 值一百位。由于他深感背诵圆周率对锻炼脑子有好处,所以也要求子女背诵圆周率 100 位。

20 世纪 80 年代以后,有关背记圆周率活动的报道才慢慢多起来。以下是几则例子:

(1) 被评为 1991 年全国十佳少年的南京耳聋学童周婷婷,8 岁时就能背诵出圆周率小数点后 1000 位。

(2) 1991 年 4 月,吉林市联合大学的青年女教师王立争用了 1 小时 51 分钟,当众背诵出了小数点后 10 500 位,创当时全国最高纪录。

(3) 西北农林科技大学学生吕超从 2004 年开始,他利用各种记忆方法开始背诵圆周率。2005 年暑假,他每天花费 10 多个小时对圆周率反复记忆、复习,经过两个多月的准备,能够准确背诵小数点 9 万位以上,决定向"背诵圆周率"世界纪录发起挑战。2005 年 11 月 20 日,前后历时 24 小时 04 分,他无差错背诵圆周率到小数点后第 67 890 位,创造了新的吉尼斯世界纪录。2006 年 1 月初,吕超向英国吉尼斯总部寄送了全部申报材料。经过详细审核,2006 年 10 月,吉尼斯总部正式认可吕超的挑战纪录,并向吕超颁发了吉尼斯世界纪录证书,在背记圆周率的吉尼斯纪录历史上,第一次留下了中国人的名字。

(4) 2007 年媒体报道了郑州花甲老人孟和平,对背记圆周率感兴趣,用编古诗的方法进行背诵,记住了圆周率小数点后的 2000 位,编写出一本名为《山巅妖肆(3.14)传奇》的叙事诗。以下是小数点后 20 位的诗句:

　1 4 1 5 9　　2 6 5 3 5　　　8 9 7 9 3　　　2 3 8 4 6
要是要我酒　　尔乐舞扇舞　　把酒吃酒散　　尔散拔四柳

他对以上诗句作如下注解:一天,酒肆老板正在卖酒,突然,一位壮汉醉意大发,向老板提出无理要求,要免费喝酒。老板并不发火,只见他风趣地对醉汉说:"要是想要我的酒,你得跳段扇子舞;举杯把酒喝完后,还得拔四棵柳树"。

孟和平沉醉在圆周率中,每天都会把圆周率小数点后面的数字背诵一遍,借此锻炼自己的大脑。

(5) 各地经常举办幼儿背诵圆周率的活动,学前儿童背诵出数千位的比比皆是。

第 **6** 章

如 何 记 人

6.1 记人的重要性

在今天人际交往频繁、注重社交和礼仪的情况下,记人的重要性是不言而喻的。记住别人的名字并能对上号是对别人的尊重。在日常生活中,人们都有一个共同的体验:在各种社交场合,意外地与不常见面的熟人相遇,对方能立即叫出你的名字,你会觉得很高兴,有一种被对方重视的愉悦感,从而也会对对方产生好感。反过来,如果忘掉或记错了对方的名字,那就等于坦白地向对方表示:你在我心目中没有什么地位,我不关心你。发生这种情况以后不管你事后如何解释也都无济于事,对方也会由此认为你贵人好忘事、架子大、目中无人等。

记人名的必要性与所处的环境有关系。如果生活在一个很少与陌生人接触的环境中,例如从小生活在一个以自然经济为主的小山村里,一天到晚接触的老是那么几个人,自然而然地会记住所有人的名字,用不着研究如何记忆人名。随着人们活动范围的加大,接触的生人越来越多,如何记忆人名的问题就发生了。在有些场合,如学校每年大量的新生入学,连队每年大量的新兵入伍,领导机关干部下基层,记者采访,科技人员参加学术会议,供销人员与新用户见面,到新工作岗位等,都会一下子接触到大量新面孔。在这种情况下,就要大剂量地、在比较短的时间内记住大部分人名,以便更有效地展开工作。

如何记人包括两个方面的内容:一是如何记人的面貌,二是如何记人的名字。

6.2 如何记人

记人名之前要知道谁是谁,做到名副其实。

记忆数字要丝毫不差,而记人则可以"记"其一点,不记其余。即抓住一个与众不同的特征,并不一定需要记住其全部特征。有的孪生兄弟(或姐妹)面貌很相似,外人不太容易区分出来,但是观察入微的父母却从来也不会搞错,因为他们抓住了每一个人的某一个特点(哪怕是很细小的特点)。

6.2.1 设想成熟人

把生人设想成熟人非常有助于记忆。例如某个生人与某个熟人貌似、同名或同姓,就可以认为是那个熟人"返老还童"、"未老先衰"、"男女变性",也可认为是某个熟人的父、母、兄、弟、姐、妹等。

6.2.2 静态特征

在与生人交往的过程中,可以从以下几个方面去观察他(她)们的静态特征。

（1）年龄：是老年人、中年人还是青年人。

（2）性别：是男是女，成家了没有（不要主动提问，只是谈话中相机了解）。

（3）身材：是高个、矮个还是中等个；是胖还是瘦，还是不胖也不瘦。

（4）皮肤：比较白还是比较黑。

（5）口音和声调：能说比较标准的普通话还是带有地方口音，什么地方人，是男人女腔还是女人男腔，声音浑厚还是尖声尖气。熟悉了一个人的口音和声调以后，不但有利于见面时回忆起对方是谁，增加亲近感，而且更有利于接到对方的电话时，听到"是……吗?"后，就能立即判断出对方是谁，并立即答以"您是……吧，您好"的话语。听到这样快速的正确回答，对方一定会感到你对他很熟悉，顿时会倍感亲切，从而大大地增加通话的效果。

（6）性格：是沉默寡言还是一见如故、滔滔不绝地讲个不停；是快人快语、快事快办还是说话办事慢条斯理，令人着急。

（7）衣着：是衣着入时还是衣着平淡。

（8）从事的专业种类。

（9）业余爱好。

（10）文化程度和礼仪：受教育的程度、文化修养如何，谈吐是否文雅，是否有礼貌。

人的面孔特征是每个人个性的重要标志，而人脑对于人面孔的识别和记忆能力特别强。一般与生人第一次见面时虽然没有有意识地去观察对方的面孔特征,但却在脑子里留下该人面孔的轮廓印象。这种轮廓印象,不一定能用语言准确描述出来,但一见面却能立即准确地进行识别。在没有特别注意的情况下都具有这样的能力,如果初次见面时能有意识地从以下一些方面对生人面孔进行观察和识别的话,记忆效果一定会大大地提高。以下是与面孔有关的几方面特征:

(1) 头型:大型、小型还是中型。

(2) 头发:是浓还是稀,是直的还是弯曲的(天然的还是烫的),什么发型(平头、分头、大背头)。

(3) 前额与眉毛:前额高不高、宽不宽,眉毛浓不浓。

(4) 眼睛:是大眼睛、小眼睛还是一般;眼球突出还是深陷,戴不戴眼镜。

(5) 牙齿:整齐不整齐,有没有镶牙。

(6) 嘴唇:厚不厚。

(7) 鼻子:尖不尖。

(8) 颧骨:高不高,突出不突出。

如果被记对象的某些特点与已经熟记在脑子中的某人相似的话,就可以进行荒谬的联想,认为他们是"一家人"。

要把了解到的主要特征随手记录在花名册或名片上,以便事后回忆或下一次再会面时能回想起来。

6.2.3　动态特征

在识别人时,除了注意观察以上各项静态特征外,还要注意观察以下动态特征,以获得更多的识别和记忆线索。

（1）站立、就坐和行走的姿势。有的人站不直,坐不正；有的人行走时的独特的脚步声。

（2）是不是惯用左手。

（3）习惯动作。例如有些戴眼镜的人,在说话过程中总是下意识地去摸眼镜。

（4）常用的口头语。

6.2.4　利用其他特点

记忆生人时,除了利用其外貌特点外,还可以利用以下一些特点：

（1）籍贯和现工作地点。如果自己对对方的籍贯和现工作地点有所了解,尤其是曾经去过,就应该进一步问一问该地方近来有什么变化。这样不但可以加深印象,而且会使对方产生一种亲近感。

（2）家庭情况(不要主动提问,只是谈话中相机了解)。

（3）学历和工作经历。如果自己对于对方上过的学校或工作过的单位有所了解,就会增加谈话的题材,引出更多有利于记忆的线索。

（4）业务上有什么建树,有什么特长和爱好。

应该注意的是,交谈时要注意礼貌,以不引起对方厌烦为度。

对于外国人,还可以从以下话题入手：

（1）以往来过中国没有？这次来中国准备待多久？

（2）懂不懂汉语？会说几种语言？

（3）专长是什么？

和一般人脑子里有一个"人名库"一样,一般人脑子里也有一个"脸谱集",见到生人以后一定要先从这个"脸谱集"中找到相应的人,以利于记忆。

6.3 人名的特点

人名有以下特点：

（1）姓的变化范围小，容易记住。虽然目前全国的姓氏数目远远超过了"百家"，但毕竟不像数字那样变化无穷，而且其中的绝大部分已经牢牢地记在脑子里，所以一般情况下接触到生人时，只要对方一说姓什么，就能立即知道是哪个字或哪几个字、怎么写，用不着下太多的工夫就能记住。

复姓"诸葛"、"欧阳"、"司马"、"上官"等出现的频度不高，偶然碰到较易记住。

正因为有这个特点，记住生人的姓名后，事后回忆时往往只能回忆起他的姓，而记不住他的名字。

（2）中国人取名时有一定的习惯，例如男的喜欢叫"国栋"、"国材"、"志刚"、"志强"等，女的多以"芳"、"芬"、"梅"等为名。随着时代的发展，有的人的名字也打上了时代的烙印。例如20世纪50年代末的人有以"超英"为名的，20世纪60年代末有以"向东"、"卫东"、"志红"、"志革"为名的。

有的名字还象征着本人在家族同辈人中间的排行，例如"元"、"伯"、"仲"等。

所有这些，都有利于记忆初次见面的生人的姓名。

就大多数中国人的人名而言，不是由两个字组成就是由3个字组成,近年来,两个字的人名日益增多。两个字的名字可供进行联系记忆的线索比较少,比记忆3个字的名字困难。为此在记忆时可以根据被记人的特点,在自己的心里默默地在两个字的中间或末尾加上一个有特色的字,使之成为3个字,以利于记忆。例如见到一位身材高大的叫张伟的男子以后,记忆时可以在中间加一个"雄",使之成为张雄伟,或在末尾加上一个男字,使之成为张伟男等,以利于记忆。区别同一年级、同一个连队或同一个工厂里同名同姓的人时也可以用这种方法。

中年以上的孔孟后代,姓名的第二个字有严格的排行规定,例如"令"、"庆"、"昭"等,一看就知道是第几代,有助于记忆人名。

(3) 姓和名中有一定的信息冗余度。一般说来,数字所表达的信息没有(或很少有)什么冗余度,每一个元素都是确定无疑的,错一点就会"失之毫厘,谬以千里"。所以记忆数字不能"只记一点,不记其余"。而人名则不是这样,姓和名字中有一定的信息冗余度,记住其中的一个(甚至是名字中的某一个字),就有可能进行识别,也就是说,记人名时可以"只记一点,不记其余",所以记忆人名比记忆数字容易。

(4) 姓名是与具体的人相联系的,而人本身又是有形象的(体型、言谈举止等),利用这些形象就比较好记,不像数字那样抽象难记。

(5) 与姓名相联系的事物很多(例如形象和社会经历、文化程度等),记忆的线索多,所以姓名比较容易记忆。

(6) 一般情况下人们不会隐名改姓,记住后不需要更新,不像变化很快的数字那样需要经常更新。

6.4　特定场合记人

6.4.1　单独会面

　　单独与某人会面是记忆其名字和记住其音容笑貌的最好场合。对于预定要与之会面的人,会面前应尽量找有关的资料来看看,了解其姓名(尤其是写法,以便见面时能找到话题,问其姓名是什么意思,为什么会起这样有意思的名字等)、历史、工作经历、个人爱好(尤其是一些能引起话题的爱好,自己擅长的或也感兴趣的爱好)。与见面事由有关的事情一定要记住,以便见面以后很快能进入实质性交谈。

　　个别闲谈更是记忆人名和认人的重要时机,因为此时只与一二位人谈。闲谈中双方无拘无束、有说有笑,谈话的题材一定比较广泛,其间必然有许多利于记忆的线索,会在自己的脑子里留下深刻的印象,谈话后往往不但记住了其名字,而且有可能记住一些情景信息(例如在什么环境下进行的闲谈,闲谈中谁说过什么样的笑话等)。这些情景信息虽然很不重要,与所记忆的主要信息似乎也没有什么必然的联系,但是却是事后回忆起主要信息的线索。

6.4.2　开会

　　开会是结识人的大好时机,应该充分加以利用。不论自己是会议的主持者或一般参加者,都应该积极思维,力争多记住一些人。如果抱着"萍水相逢,记不记无所谓"的态度,是不可能在短暂的会议过程中记住与会人的名字的。

（1）对照与会人员名册，注意听取会前的介绍。一般情况下，会前会逐一介绍与会人员，不论是作为与会者还是主持者，都要用心听取介绍，并在花名册或笔记本上做些记录，以期通过会议结识更多的人。没有经过人名记忆训练的人很难只听一遍介绍就能记住谁是谁，所以会议开始后人们发言时往往记不住是什么人发言了，发表了什么意见。作为与会者发言引用别人的意见或作为会议主持者做总结时，只能"这位同志的意见"、"那位同志的意见"地说上几句，不可能积极地参加到会议中间去。这种类型的与会人员多了，或者会议的主持者处于这种状态，会议就不可能生动活泼地进行，也引不起与会人员的兴趣，效果就不会好。

如果与会人员的座位是固定的，应该很快绘制一个会议室座位分布图并标以对应的人名，同时在会议进行过程中不断地校对和记忆。

会后应该把与会人员花名册保存起来，以备日后查阅。

现在不少会议的与会人员都佩戴标有名字的胸牌，非常有利于识别，应该积极加以利用。

（2）在会议进行过程中要不失时机地进行积极的跟踪记忆。在会议进行过程中，要用心听与会者的发言，搞清楚依次发言者的姓名和工作单位，并把当时了解到的有助于记住该人的信息记载在花名册或名片上（例如外貌、衣着、口音、工作单位和工作地点等）。为了加深记忆，如果有插话的机会，可以相机提出各种问题，以便引导对方说出更多有助于记忆的线索。当然所有这一切都应该是有礼貌地进行的，要使别人感到你是一个办事认真的人，但同时又是一个有礼貌的人。

（3）如果身边有熟悉与会人员的人，就应该在详细听每一个人发言时向其询问有关发言人的姓名和其他情况。

其他一些场合也很有利于记忆人名，例如在各种表扬大会上应该有意记忆被表扬者的名字及其特征。

看到表扬或批评某人的文字材料后，应该尽量记住其名字，并设法与之见面。被表扬或被批评的人一般都是单位里的头面人物，记住他们的名字是很有用的。

6.5 记人名的方法

记人名和记人这两件事是紧密地联系在一起的，也必须联系在一起。否则，只记住一个名字但不知道是谁，或见到一个人时觉得很面熟但就是叫不出名字来等，都会影响相互交往。为了叙述方便起见，先讨论记忆人名的方法，然后再讨论如何记人。

一般说来，人的模样是具体的、有形象的，通过视觉器官后，能在脑子里留下深刻的印象，不容易忘记。而且一般情况下，总是在与所要"认"的人见面时才需要辨认。从记忆的原理上讲，这种情况属于"再认"，而不是"再现"。对于"再认"，只要脑子里有点印象就有可能做到，因而是比较容易的。而人名则是抽象的、人为的，即使所要认的人就在你的面前，也没有更多的回忆线索，此时需要的是"再现"，只有记忆比较深刻时才有可能"再现"。

从以上的姓名特点分析可以看出，记忆姓名要比记忆数字容易得多。一般说来，前面介绍的各种记忆方法也都适用于人名的记忆。

根据人名特点和所处的环境,记忆姓名时要注意以下几点。

6.5.1　要用心

尽管人名比数字好记得多,但仍必须集中注意力,把记忆人名作为一件重要的事情去完成,抓住一切机会去记,用心去记。只要这样去做,不管自以为记忆力多么不好,也可以很快地记住一大部分人的名字。换一句话说,如果能像记忆某一学科(例如英语)内容一样去记人名,事先预习,即在接触某些陌生的人以前先看看花名册或名片,力争记住一些,接触过程中像上课一样集中精力与其谈话或听其讲话,接触以后随时进行复习与归纳总结,那么记住几十个、上百个甚至上千个人名并不是一件很难的事。

反之,漫不经心或有口无心,认为记不记得住无所谓的话,记忆力再好,恐怕也不能记住多少人名。

6.5.2　利用花名册和名片

长期搞人事工作的人都有这样的体会:如果反复地翻阅某一个人的档案材料,一旦与此人见面时,会有一见如故的亲近感,好像是早就认识的老朋友,而且日后记忆深刻,这就是书面材料所起的作用。所以,在预定与生人见面之前,应找来有关资料(名片、花名册等)看一看,并把主要的内容记下来。如果没有资料,就口头向了解他的人打听。这样,在会面时脑子里就不是一片空白。

花名册要随身带,无论是开会还是个别谈话,只要涉及你所不熟悉的人,就要及时查对,并把已经了解到的信息和当时的情况记载在花名册上，以加强记忆。即使与陌生人会面时没有带花名册，事后也要及时拿出花名册进行回忆和记载。实践表明，把认识某一个人时的情况（例如有几个人在场、谈论了什么话题、生人说话和面貌有什么特点等）记载下来，很有助于记忆。

能把人名记得很熟，见到就能脱口而出当然很好，即使记得不很熟，但是只要拿着名册就能区分出来谁是谁也是有用的。为了能看着花名册（或名片）回想起记忆线索，在与生人谈话时，应该尽量把有助于记忆和区分的特征或线索记录在花名册上，以便一见到就能回忆起谁是谁。

没有花名册和名片时就应该拿出记事本来，郑重其事地请教对方的名字怎么写；以前见过、但再次见到后回想不起其名字时也要这样做。这样的举动是有礼貌的，不会引起对方反感，因为一般说来请求一个人把他的名字写在本子上是尊重对方的表现。

例如，笔者1990年到某学院主管教学工作，只认得400余名教员中的十几位，下决心争取在一两个月内认识全部400余位教员。决心一下，就集中全力去实现。白天拿着花名册，逐个教研室走访，与教员交谈，并在交谈过程中把花名册上没有的其他信息（例如见面的场合、谈话的话题、口音、长相、特长和爱好等）记载在每一位教员名字的后面。到了晚上，再拿出花名册进行归纳整理，逐个回忆当天接触过的教员的情况。与记忆英语单词一样，花名册随身带，有机会就复习和记忆教员的名字。例如在行进中路遇似曾相识的教员，在互致问候走开以后，我必默默地考问自己"他叫什么名字？是哪个教研室的？"等问题，并拿出花名册核对。如果不对，就用"他叫……，不叫……"的方法纠正

20 遍。经过这样的努力,两个星期下来,就认识了 400 余名教员。运用同样的方法去认识机关干部和学生,也都收到了很好的效果,不但密切了上下级关系,更为开展工作带来极大的便利。

6.5.3　通过询问获得信息

见到生人时首先要有礼貌地问对方的尊姓大名,在听到或看到对方的名字以后,就要有礼貌地相机请问怎么写或怎么读? 人名中经常会出现一些难读的生僻字,千万不要想当然地读,而要问准或查准了再读。这样不但不失礼貌,加深记忆,而且还学会了一些新的字,免得日后读错。

在了解了对方姓名的写法和读法之后,可以进一步请问名字的含义是什么? 怎么取的名? 有什么讲究没有? 我们中国人的姓名是很讲究的,往往蕴含着丰富的信息。例如寄托着先辈的愿望,象征着本人的性别、辈分、排行和出生的年代等。如对方能说出其名字的来龙去脉,一定可以大大地加深记忆。即使对方不能说出自己名字的含义和起名的过程,但经过这样一问一答,定会加深记忆,而这正是反复请问的目的。

把某人姓名与其某种特性相联系有助于记忆。例如"熊"、"高"和"艾"姓可以与其身材高矮相联系,"徐"和"吉"可以与其说话速度相联系等。

有的人的姓很奇特,可能从来没有见过和听说过。这样的姓大都有来历,一旦了解了来龙去脉,会牢牢地记住。笔者一次碰到一位从来没有听说过的复姓"曹吴"的人,他向我们详细介绍了取这样一个奇特的复姓的来历以后,所有在场的人都牢牢地记住了他的姓名和他这个人。

6.5.4　引经据典

我国历史悠久,文化灿烂,引经据典记忆人名的线索非常多。以下是《党史博览》2007 年第 3 期王树人著文介绍了一些毛主席说名道姓的趣事:

(1) 1945 年,毛泽东在重庆见到周而复。他立刻握住周而复的手说:"作家,我们在延安见过,'周而复始'。"这既点出了周而复的名字,又表示与周而复曾经见过面,一语双关。

(2) 在会见一些文艺界人士时,当介绍到电影演员白杨时,毛泽东随口吟道:"白杨萧萧易水寒。"当介绍到电影演员陶金时,他又顺口说道:"啊! 沙里淘金"。

(3) 1957 年,上海《新民晚报》的总编辑赵超构写了几篇文章。后来,毛泽东在上海和他交谈。一见面,毛泽东招呼道:"宋高宗的哥哥来了!"原来,宋高宗叫赵构,这位总编辑叫赵超构,所以称其为"宋高宗的哥哥"。

(4) 1959 年 7 月,毛泽东在江西庐山与林佳楣(李先念的夫人)、水静(江西省委第一书记杨尚奎的夫人)和余叔(安徽省委第一书记曾希圣的夫人)交谈时,得知三人关系特别密切后,就笑着问道:"你们三人这么好,知道是什么原因吗?"见三人谁也回答不上来,毛泽东接着说:"因为你是水(指水静),你是鱼(指余叔),鱼当然要和水在一起。你这个林(指林佳楣)呢,是两棵树,树离了水就会枯黄。所以嘛,你们就分不开了。"

（5）1959 年 9 月 8 日晚上，毛泽东来到刚建成的人民大会堂上海厅，听取万里的汇报。当听到万里说只用了 10 多个月就完成了比故宫总面积还大的人民大会堂工程后，毛泽东风趣地说："你是万里嘛，施工进度当然快喽！"

（6）1962 年，毛泽东问身边的一位女士叫什么名字。那位女士说她叫崔英。毛泽东听后风趣地问："那么你的爱人可能姓张了？"崔英被问得茫然不知所措，毛泽东又问："你读过《西厢记》吗？"一听这话，崔英才恍然大悟，明白了毛泽东说她的爱人可能姓张的原因。因为《西厢记》写的是崔莺莺与张生的爱情故事，"英"和"莺"音同字不同。

（7）毛主席见到眼科大夫唐由之，毛主席说："这个名字好。你的父亲一定是位读书人，他可能读了鲁迅先生的诗，为你取了这个'由之'的名字。"接着，毛泽东就背诵了鲁迅的诗："岂有豪情似旧时，花开花落两由之"。

（8）毛主席在见到了一位叫芦荻的人时，脱口说出了她的名字就在唐朝诗人刘禹锡《西塞山怀古》一诗的最后一句"故垒萧萧芦荻秋"中。

（9）在说到张治中将军字"文白"的来龙去脉时，毛主席说："他青年时当过警察，取字'警魄'，后来不当了，'警魄'的字也不用了，就从'警'字中取一'文'字，从'魄'字中取一'白'字，故字'文白'"。

（10）在听到浙江省副省长吴宪的名字后，毛主席说："此人口气真大，口衔天宪"（注："天宪"即"王法"）。

有些姓名的意义并不是取名字的时候就肯定赋予了的，而是想象出来的。例如毛主席在"蝶恋花"一词中的"我失骄杨君失柳，杨柳轻扬直上重霄九"中的"杨、柳"就是想象出来的形象,但却非常贴切。

猜谜中经常有以人名为谜底的,例如以"百花园中"射作家"何其芳",以"唐太宗"射我国著名排球运动员"李国君"等。如果有一定的制谜和猜谜能力,可以用这种方法记忆人名,效果极佳。

也许有人会说自己没有那么高的文化修养,难以找到此类记忆线索。其实只要用心,多多思考,总是能找到一些记忆的线索。

6.5.5　利用谐音

引申名字的音形义可以获得更多的记忆线索,以下是一些例子:

(1) 利用谐音。例如,把人名"吕洁"转换为"礼节","李杰"转换为"理解","黄迪"转换为"黄帝","王梓"转换为"王子","陈实"转换为"诚实","殷俊"转换为"英俊","尚进"转换为"上进"等。

(2) 我国排球运动员巫丹在 1992 年西班牙巴塞罗那奥林匹克运动会上因误服某种中草药而被判禁赛,有的通讯社报道此事时,从其名字的含义入手称:"古代巫医同源,西洋人把中药称为巫丹。"这样的解释很风趣,也很有利于记忆。

(3) 2000 年奥运会上阎森与王励勤取得双打冠军,报纸称他俩为"阎王",非常上口,也便于记忆。2008 年北京奥运会上,中国选手"仲满"获得男子佩剑金牌,一电视主持人解释其名字时说"表示中国人满意",也有助于记忆。

(4) 有的姓名(或其谐音)反着读有一定的意义,如一位叫"屠志新"的人,正着记不好记,反过来读就是"新志屠",谐音就是"新制度",很好记。由 3 个字组成的名字可以得到 6 种组合,或许从中可以找到一些利于记忆的线索。

6.5.6 从字形入手

记忆人名时,可以从字形入手,把字拆开或增减笔画,以增加记忆的线索。传说李自成队伍逼近北京时,崇祯去求签,得一"有"字,他很高兴,以为"大明江山还'有'",结果李的队伍围困北京城,又被解为"大明江山已经破碎"。同一个字做出了完全不同的解释,由此可见汉字隐含信息之丰富和奇妙。以下是几个例子:

(1) 一次,毛泽东与服务员小王聊天。毛泽东说:"小王,你知道吗?我们两人是亲戚哩!"小王一愣,忙说:"主席,您在说笑话,您是湖南人,我是陕西人,我们怎么是亲戚?"毛泽东笑着解释道:"你看,我姓毛,你姓王,写我这个'毛'字,得先把你的'王'字完成,然后,从下面出来一拐弯,才能写成这个'毛'。先有'王',后有'毛',我们不是亲戚吗?"

(2) 传说某个朝代的朝廷要满门抄斩司马迁家族,多亏有人通风报信才幸免于难。他们隐姓埋名时利用"通风"二字的谐音"同冯",一部分人在"司"字上加一竖改姓"同",另一部分人在"马"字加两点改姓为"冯"。

(3) 西安杨虎城的公馆名为"止园",一次杨请蒋介石吃饭,蒋看到大门上方的"止园"二字后不肯进去,随从人员不解。后来周恩来解释说"蒋又叫中正,正字去掉头就是止,所以他不进去。"

(4) 京戏《洛神赋》表现曹植深爱其兄曹丕之妃甄宓而不得,剧中有段台词对其心情作了如下描述:"'宓'字是一把尖刀插入心中,非常伤心,但是还要加上一个盖子,不让你表现出来"。

6.5.7　合并相近的姓名

有时(例如开会、新生入学和新兵入伍)会突然碰到大量生人,为了便于记忆,可合并相近的姓名,减少姓名信息的种类。例如突然碰到五位分别姓汪、黄、王、李、季的人,可以把"汪"并入"王","黄"也并入"王"(南方人的发音),把"季"并入"李",总共"三王二李",很容易就记住了。某相声中曾有"大丈夫半个人生,朱先生半个牛头"两句笑话,从中我们也可以悟出一些如何把相近的姓名合并的方法。

6.5.8　边用边记

记住了人名以后就要及时应用。例如与生人见面以后,得知其姓张后,就应该立即用老张、小张、张先生或张女士去称呼他们。这样做,不但巩固与加深记忆,而且是有礼貌和有修养的表现。

6.6　分类记忆

有了花名册或名片以后,可以按照性别、姓名、人际关系等特点对需要记忆的人进行分类,然后由易到难,由重要到次要,分别加以记忆。

6.6.1　性别

一般情况下碰到很多生人时,不是男性多就是女性多。记忆时应先记住人数少的那一方,正因为人数少,就显得比较特殊,因而也就比较容易记忆。

6.6.2　同名同姓

由于姓氏变化范围有限,人们取名字的习惯又大体相近,因此接触到生人时常常会发现有与已经牢牢地记在脑子中的某些同学、亲朋好友、小说和戏剧中的人物姓名完全相同的,或三个字中有两个字相同的。可以设想这些人就是你原来认识的某人,调到新地方了;如果三个字姓名中的前两个字相同,就设想他们是亲兄弟、亲姐妹;如果三个字姓名中的后两个字相同,就设想他们是结拜兄弟姐妹等。

除了通过平常接触记住的人名以外,通过看小说、看电影、看电视、看报纸和听广播,每个人脑子里已经记住的人名成千上万,把它们充分调动出来,非常有利于记忆生人的姓名。笔者做过几次测试,证明在碰到比较多(10 人以上)的生人时,只要用心去寻找,差不多可以找到80％左右的名字与已经记在脑子里的熟人的名字相同或相似。也就是说,一般人的脑子里已经有了一个记得很熟的"人名库",见到生人以后首先要从这个"人名库"里进行检索,找出与之对应的人,以有助于记忆。

利用姓名的谐音,同"名"同"姓"的可能性就更多了。这一批人的姓名是最易于记忆的,应该尽快记住。

6.6.3　把多人姓名联系起来

人们常常把三国时的桃园三结义的刘备、关羽和张飞的姓连在一起,称为"刘关张",既简单,又上口。我们在一下子碰到好几位生人时,也可以模仿这种方法,把他们的姓按照年龄大小、身材高矮、职务高低为序排列在一起,作为一个或几个人的名字来记。谁先谁后,以顺口、

合仄押韵为原则。把多人的姓名联系起来,可以一下子记住多人的名字。以下是笔者经历过的几个例子:

(1) 笔者同时碰到某修船厂的陈先生、银行的金先生和交通局的柳先生3人,就把3人设想成一个叫"陈金柳"的人,并就他们的职业和他们的姓进行了如下联想,记住了谁是谁:修船厂是修陈旧的船的,所以姓陈的同志是修船厂的;银行是管理金融的,所以姓金的同志是银行的;公路两旁要种柳树,所以姓柳的同志是交通局的。虽然与他们在一起只有几个小时,但是这个记忆一直牢牢地刻记在脑海里。又如一次开会碰到一个工厂的3位负责人,副厂长姓史,厂办公室主任姓金,总工程师姓侯,3个姓连在一起可以组为"金史侯",是金丝猴的谐音,非常好记。

(2) 碰到刘国锋、张磊和李海峰3人,可记忆为"'磊'出两个山'峰(锋)'"。

(3) 碰到殷某与付某两人,可记忆为"应付"。

(4) 碰到王某和张某两人,可记忆为"有点主张"或"缺点主张"。

(5) 碰到白某与杨某,可记忆成"白杨"。

(6) 碰到宋某与陈某,可以与宋朝的陈桥兵变联系起来记忆。

(7) 碰到冯某与张清,可记为"两点水、三点水"。

(8) 碰到张少杰与王卓青,可记为"少年英杰,卓越青年"。

如果多人的姓名有某种意义,则更可加深记忆。例如一次笔者碰到刘志成、李岳平和耿晓清3人,就用愚公移山故事把他们3人的名字串联起来:愚公的移山的"志"向"成"功了(志成)→山"岳"就"平"了(岳平)→山岳一平,拂"晓"天就亮"更(耿)"早(耿晓)了。经过这样一联想,很容易就把他们的姓名记住了。

同一个汉字在不同的场合可以有不同的解释,在文字游戏中有回文诗和藏头诗等非常有趣的方式。把多个人的名字连在一起记忆时,只要用心去思考,有时可以找到非常有意思的记忆线索。

6.6.4　人际关系

人际关系可以从以下两个方面去分类:一类是直接的,例如一个家庭的成员同在一个单位工作;另一类是间接的,例如"陌生人"是某某人的同学、同事、同乡、上级、下级等,而你正好与某某人很熟。这样,你和这位"陌生人"的关系一下子就拉近了许多,好像就是"老朋友"一样,当然非常有助于记住他。

6.6.5　其他

还有很多可以用来帮助记忆的其他内容,例如"陌生人"有与自己相同的爱好、相同的经历或来自同一地区等。

6.7　如何介绍自己

有的人为了使自己的电话号码和产品的名字引起别人的重视和便于记忆,常常有人不惜重金,购买一些便于记忆或寓有吉利意思的电话号码,或在产品的命名上别出心裁。例如生产"熊猫"产品的南京 714厂的两条中继线的尾号分别为 714 和 7148,其中都有该厂的代号714,有助于记忆。

由此可以得到启发,在向别人介绍自己的电话号码和姓名时,要设法使别人听了以后能牢牢地记住,所以要有礼貌地、风趣地解释记忆的要领。以下是笔者碰到过的几个例子。

例1 孟海君向我介绍他的名字时,很风趣地说:"我的名字好记,做梦都想当海军",我一下子就记住了。

例2 戈际高向我介绍他的名字时说:他出生的那一年中国加入了联合国,他祖父就给他起了"戈际高"这个名字,"戈"音近"国",意为"从此中国的国际地位高了"。经过他这样一解释,我不但记住了他的名字和准确的出生年月(1971年),而且经久不忘。以后每见到他时,都能回忆起这一段过程。

例3 一位叫"王扬明"的小朋友告诉笔者,她的生日是3月3日,所以取"扬明"为名,因为"扬"字右边3笔,左边3笔,"明"字左边为"日",右边为"月",合在一起表示3月3日,她说罢我就记住了。

对于每一个人来说,所要研究的只是一个名字和一个(或两个)电话号码,只要反复思考,总是可以找到一些记忆线索的,而一旦找到了线索,可以使得许多与你交往的人受益。

6.8　忘记熟人名字怎么办

6.8.1　因 TOT 想不起名字时怎么办

有时碰到经常见面的人,可就是想不起对方的名字。这种现象称为 TOT(语塞)现象,即 Tip of the tongue experience 的缩写,意为想说的事情就在嘴边，但怎么想也说不出来。等到不去想它、脑子处于休息状态或转而想别的事情的时候，却又会不知不觉突然想起来了。这种现象人人都经历过，据统计，一般年轻人每周一次，中年人每周两次以上。如同脑子的记忆机制是个谜一样，TOT 现象也是一个有待揭开的谜。有的心理学家认为，要想回忆和说出一件事，涉及脑子的好几个部位，这些部位当中的任何一个工作不正常或互相之间不协调，都会产生 TOT。也有的科学家认为产生 TOT 就好像是一架飞速运转的机器突然卡住了，重新启动一下就正常了。

因为 TOT 现象而叫不出熟人的名字时，注意力不要过分集中在他的名字上。正因为是经常见面的熟人，你一定熟悉他所谈论的话题，所以应该能够与他进行连续的、自然的交谈，对方不会觉察出 TOT 现象正困扰着你。在谈话进行过程中，思想一放松，或在某个话题的启发下可能一下子就想起来了，即使谈话期间想不起来，事后也一定会想起来。

由此可见，由于 TOT 现象而想不起熟人的名字时，可以不必管它，只需要用"你"或"您"称呼对方就行了。

6.8.2　忘记熟人名字怎么办

突然之间与分别很久的熟人相遇，对方对自己很熟悉，一见面就能很准确地称呼自己，很热情地向自己问候，或就某一件事情滔滔不绝地讲着，期望着能得到你同样热情的反应和问候，但是自己却一时怎么也想不起对方是谁。正是因为对方与你很熟，所以他即使有名片，也不会主动地递交名片给你。在这种情况下，千万不要急着问对方叫什么名字,以免使对方感到难为情,或觉得你是一个架子很大、看不起别人的人。脑子里也不要老是想"他叫什么名字"这个问题,以免漏过了他谈话中隐含着的提示信息。而应该沉住气,相信能在随后的交谈中回忆出他是谁来,因而要很自然地与之交谈,回答他的问候和各种问题,并在对方谈话过程中因势利导,顺着谈话的话题积极回忆,引导对方沿着某一个话题继续说下去,以便很快从随后的谈话中找到一些有助于自己回忆起对方名字的信息。

可以根据打电话人(或见面的人)对自己的称呼判断什么时候曾经与他在一起。例如称你"老李"或"小李",则是比较熟悉的朋友、你的同级或上级领导;如称你为"李处长"或"李院长",则可能是你任该职时的下级。如果自己在军队中任副职,例如副处长,而对方称你为"李处长",对方可能是非军人,因为非军人一般都这样称呼;而如果准确地称你"李副处长",对方可能也在军队中工作。

在这种情况下可以用以下一些引导语:

(1) 咱们有多少年没有见面了?过去的老同事还有谁与您保持联系?与您在一个单位(或一个城市)?他们的近况怎样?这样的问话一定会带来很多有助于回忆的信息。

(2) 您现在在哪儿工作?通信地址是什么?电话号码是什么?这样一问,对方就会叙述他近几年工作岗位变动的情况,其中必有不少有助于回忆的信息。

(3) 这次来这里到哪个单位出差?住在哪里?能待多长时间?一起来的有多少个人?怎样与您联系?

(4) 个人的其他情况(家庭、子女、父母)等。

一般情况下，如果对方有名片，刚见面时没有递交的话，在询问上述问题的过程中就会主动地拿出名片来。

如果通过上述各种方法仍然得不到所需要的信息，就应该主动地向他索取名片。

如果对方手头没有名片，可以有礼貌地拿纸或记事本，请他把通信地址连同邮政编码写在上面。一般情况下客人会顺手把姓名写在电话号码和通信地址的旁边。

如果他没有顺手写出名字，可主动地说："小本子上电话号码和通信地址比较多，请您把名字一起写上，以免混淆"。郑重其事地请别人把名字、电话号码和通信地址等写在记事本或纸上，是尊重对方的表现，是很有礼貌的行为，对方会很乐于去做，这样所有想要了解的信息就全部得到了。

如果是电话里相会，回旋的余地就更大了，此时你可以说："电话声音太小，不清楚，实在听不出您是哪一位，请问您贵姓？"或者说："您在什么地方打电话？"或者问："怎么打电话找您，您的电话号码是什么？"等，以便从中得到一些有助于回忆的信息。如果通过上述对话仍然得不到所需要的信息，可以直接问："怎么给您写信，通信地址和邮政编码是什么？"。

下面举两个实例：

例1　一日，广州军区的×××与一位50多岁的"生人"同来我办公室，那"生人"很热情地向我问候，显然是过去的老同学或老同事，但我怎么也想不起来他是谁。此时我这样分析：

我是几年前去广州出差时与×××相识的，但在一起工作没有几天,互相之间不是很熟悉。在广州结识的人当中似乎没有年纪像这位"生人"这么大的,所以该人从广州地区来的可能性不大。

广州的×××与我都是西安某大学的校友,所以这位"生人"很可能也是该校毕业的。

有了这样的初步判断以后就进入了交谈,但没有不礼貌地急着问"生人"的名字,而是在谈话的过程中积极地回忆。当"生人"说了一句"毕业以后咱们再也没有见过面"以后,我一下子就猜到这个"生人"可能是比我低一两届的校友,因为一般低年级的人容易认得高年级的人。

为了搞清他是哪一届的,我就问:"你们年级的同学现在都在什么地方? 与你有没有联系?"这么一问,他就一连串地说出了好几个人的名字,而其中不少是我记得的。这样,我也就回忆起来这位"生人"是哪个年级和叫什么名字了。在整个谈话过程中,对方并没有觉察到我不知道他的名字。

例2　一日,我接到一个电话,对方没有通报他的姓名,只是说"几天来一直打电话找你,老是没有人接"。我一下子也不知道他是谁,但又不便于问他的姓名,只能在对话中相机行事。于是我就问:"你在哪里打电话?"答:"在总参通信部招待所"。由此得出他是外地来的,而不是北京本地的。接着问"这次到北京来干什么事?"答:"给你捎了一些东北苹果来"。在通话过程中,对他的口音有了更多的辨认,我终于回忆出他是我两年前在学校里结识的一位姓史的人,就立即叫了一声"老史",并接着谈了下去。

第**7**章

各学科内容的记忆

记忆各学科内容也是不少人感兴趣的话题,但是这个题目覆盖的范围太宽了,不是笔者力所能及的。下面只能挂一漏万地就理工、地理、历史和语文学习中的记忆问题作一些粗浅的探讨,英语单词的记忆详见第 8 章。

7.1 理工科内容的记忆

7.1.1 在理解的基础上记忆

数字、电话号码、人名等内容往往没有严格的逻辑关系和推理,记忆时没有什么理解不理解的问题。所以从一定意义上讲,即使采用机械记忆,死记硬背也能达到目的,在绝大多数情况下不存在灵活运用的问题。

理工科的内容则完全不同了。除了一小部分需要机械记忆外,绝大部分都有一个完整的体系,不同内容之间一环套一环,互相之间有内在的、严格的逻辑关系。应用理工知识时也很少有照搬照套就能解决问题的,大多数情况下要求灵活运用。正因为这样,学习理工内容的基本方法应该是在深刻理解其精神实质的基础上去记忆。

怎样才能做到深刻理解理工知识的精神实质呢? 最基本的方法就是刻苦钻研基本概念。什么是基本概念? 学校教科书所讲的一些最基本的定义和定理就是基本概念。

教科书不同于一般的书籍,它们都是经过审定的,由国内最有权威的专家们经过反复推敲,精心写成的,文字表达准确,简明扼要,可以说字字有讲究,多一字不行,少一字不可。对于这样的内容,学习的时候不能人云亦云,机械背诵书上的文字,满足于字面上的理解。而应该逐字逐句推敲,体会其内在的含义。只要这样去做,最后必然能够逐字逐句地背诵教科书上表达基本概念的文字。到了这个地步,也才能体会到教科书上的文字是最简练和最准确的。

在理解的基础上准确地记住基本概念以后,用的时候才能招之即来,才能发现问题和解决问题。那些只有在听了别人的讲解或看了书本以后才能想起基本概念来的人是不太可能发现问题的,有时甚至还会接受错误的概念。例如,一本 20 世纪 60 年代流行的科普丛书解释火箭飞行原理时,认为"火箭喷出的高速气体作用于空气,空气就产生反作用力,把火箭推向前"。按照这种理解,火箭到了没有空气的太空就不可能飞行了。

这种理解之所以发生,就是由于没有逐词逐句抠懂初中物理中的牛顿第三定律,该定律称"两个物体间的作用力和反作用力,同时产生、大小相等、方向相反"。把这个定律应用在火箭上,"两个物体间"就是

"火箭和火箭喷出的高速气体间"，根本不涉及第三个物体"空气"。

只有深刻理解了基本概念，才能抓住事物的本质，才能在学到基本概念和应用实例的同时也学到了寓于这些基本概念和实例中的逻辑思维和推理的方法。无论从提高智力水平还是从解决实际问题时的灵活运用来说，这后一个收获比前一个收获更重要。因为具体的个别基本概念可能会随着时间推移而遗忘，但在学这些基本概念过程中学到的逻辑推理能力和思维方法却是长期起作用的，尤其会在灵活运用基本概念解决实际问题过程中显现出来。

学习过程中每引入一个新的基本概念，都要问一个为什么，比较一下与老的概念有什么区别，新的概念有什么深化。例如，初中时用锐角三角形的对边比斜边定义正弦，高中时用直角坐标系统中的 Y/R 定义任意角度的正弦，大学的微积分用欧拉公式和无穷级数定义正弦。学习的时候应该与概念的深化同步，去体会为什么新的定义比老的定义更严格和准确。

有的人不重视基本概念，而只注意一味地死记硬背，不但碰到问题不会灵活运用，而且时间一久，记住的内容就可能混淆。为了避免混淆，又设想出了很多防止的方法，人为地增加了记忆量。例如不少中学生经常搞不清四个象限里的三角函数 $\sin\theta$、$\cos\theta$、$\tan\theta$、$\cot\theta$、$\sec\theta$、$\csc\theta$ 的正负，于是总结出了"单变双不变，正负看象限"的口诀来解决这个问题。可是有的学生并不清楚口诀里的"单、双、正、负"等字的真正含义，用的时候还是经常发生差错。其实记忆四个象限里的三角函数 $\sin\theta$、$\cos\theta$、$\tan\theta$、$\cot\theta$、$\sec\theta$、$\csc\theta$ 的正负变化规律最可靠与最准确的方法就是从它们的基本定义入手，只要知道直角坐标的正负规定和 $\sin\theta$、

$\cos\theta$、$\tan\theta$、$\cot\theta$、$\sec\theta$、$\csc\theta$ 的定义，每个象限里的某一个函数是正是负就一目了然了。

7.1.2　抓住关键内容

学习理工科内容时要抓住关键内容，而不要把主要精力放在记忆一些枝节的内容上。因为关键内容记住了，其他次要的、派生出来的内容即使一时想不起来，也可以慢慢地独立推导出来。例如初中学了一元二次方程式 $ax^2+bx+c=0$ 的许多解法，什么因式分解法、提取公因式法、公式法等。其实公式法是最主要的一种方法，其中的判别式 $\sqrt{b^2-4ac}$，更是关键，高中和大学里学习解析几何和微积分时要反复用到，必须记得滚瓜烂熟才行。但是很多学生却把注意力放在一些次要的解题方法上，对于公式法却印象不深。这样的学生也许当时考试能得好成绩，但并没有掌握主要的内容。

7.1.3　基本公式会推导

对于理工科中的基本公式，不能满足于会背诵，而要熟练到能快速推导出来的地步。只有达到这种水平，碰到问题时才能招之即来。而死背公式可能会忘记或记错，并可能因此闹笑话。例如某年某电视台举办快速抢答活动，其中有一道题是问"$1+2+3+\cdots+99=?$"。一位参赛者快速回答说等于 4950，主持人问"你怎么算出来的?"参赛者说"$1+2+3+\cdots+99$ 与 $99+98+97+\cdots+1$ 两个数列对齐以后每一列都是 100，一共有 99 个 100，共 9900，再除以 2 得 4950。"主持人手里拿着标准答案，说"你的答数是对的，但是算法不对。应该是'首项加末项乘以项数除以 2，即(1＋99)×99÷2＝4950'。"

毫无疑问，该主持人肯定具有初中文化水平，看得懂等差级数的求和公式，但是他只会背诵公式，而不明白"首项加末项乘以项数除以 2"公式就是用那位参赛者所用的方法推导出来的。

笔者上中学时，五六位清华大学理工科教授在我家合伙吃饭。他们的数理基本功非常扎实，各种基本公式的推导过程非常熟悉，讨论问题时就像专业棋手下盲棋，完全用嘴说，根本不用纸和笔，即使做几何证明题，也不用画图，就说从哪里到哪里加一条辅助线，等等。所有这一切，给我留下了深刻的印象，并把他们作为自己学习的榜样。

7.2 记住基本地理和历史知识

记住基本的地理和历史知识，是一个人教育水平的标志之一。世界上有多个古代文明，诸如古印度文明、古埃及文明、古希腊文明以及中国古文明。古印度文明、古埃及文明、古希腊文明等都已经中断或湮灭，只剩下一些古迹。中国古文明几千年来一脉相承，从来没有中断过，学习中国历史知识，可以了解上下 5000 年我国的历史是怎样延续发展的。记住了我国的基本地理知识，可以知道我们生活在哪里，可以了解我国领土和领海的辽阔，有的至今还被外国霸占。所有这一切，都有助于增加民族自豪感和爱国心。

人们互相交流时，总要谈古论今，谈天说地，一定会涉及我国的基本历史和地理知识。所以记住这些知识，也是与人交流的需要。中国正在全方位地快速走向世界，国际交往日益频繁。交流中经常触及中国的历史和地理知识,只有牢记我国的基本历史和地理知识,才能在交流中取得主动。

记不住基本历史或地理知识,常常会闹笑话,笔者不止一次碰到过一些具有相当文化水平的人,竟然说出"甘肃省的首府在西宁"和"武则天是宋朝人"一类无知的话。

7.3 地理内容的记忆

一个受过中等以上教育的人,应该记住我国地理的一些基本知识,本节介绍如何记住这些基本知识。学校地理教学的内容非常广泛,本节不一一讨论,用心的读者可以依照书中介绍的方法去记忆。

7.3.1 重视书面地理知识

各种地理知识,基本上都是书面的,必须十分重视学习和记忆这些知识。

如果在随后的年月里能用到这些知识,一定倍感亲切。例如笔者在浙江上中小学时,记住了有关陕西省的一些地理知识,例如"陕西省延长县七里村一带,盛产石油"和"当地老百姓住在下挖的窑洞里,有'人在地下住,车马顶上行'的歌谣"等。没想到,20 世纪 70 年代,笔者长期在陕北工作。到了延长县七里村,并且住在油矿的宿舍区,非常仔细地参观了各种采油设备和炼油厂。有的厂是清代光绪年间建立的,至今仍在运行。到了高陵县和礼泉县一带,在没有山坡可以挖窑洞的地方,当地老百姓就在地面上往下挖一深坑,在坑壁上挖窑洞,实地见证了"人在地下住,车马顶上行"的景象。几十年前记住的抽象内容全部转化为活生生的事物,真有一种非常奇妙的感觉。

随着我国经济的发展,外出旅游和出差的机会很多。出发前,如能认真阅读一些有关目的地的资料,就会有更多的收获。尤其是现在,互联网上多媒体的资料非常丰富,不妨在实地到达某地之前先对该地进行一番虚拟旅游。有了这样的准备,一旦真正到达某地旅游时,似乎会有一种旧地重游的感觉。

7.3.2 记住我国行政区划

对于我国的省、市、自治区,有人曾经编写过以下记忆口诀:

两湖两广两河山,五江云贵福吉安,四西二宁青甘陕,还有内台北上天。

首句指湖南湖北、广东广西、河南河北、山东山西,第二句指江苏、浙江、江西、黑龙江、新疆("疆"谐音"江")、云南、贵州、福建、吉林、安徽,第三句指四川、西藏、宁夏、辽宁、青海、甘肃、陕西,末句指内蒙古、台湾、北京、上海、天津。记住了这4句诗,我国30个省、市、自治区的名称就都记住了。

编写以上口诀时海南省和重庆直辖市还未设立,加上海南省和重庆市,可以补充如下:

两湖两广两河山,五江云贵福吉安,四西二宁青甘陕,海渝内台北上天。

各省市的简称如下:湖南(湘)、湖北(鄂)、广东(粤)、广西(桂)、河南(豫)、河北(冀)、山东(鲁)、山西(晋)、江苏(苏)、浙江(浙)、江西

(赣)、黑龙江(黑)、新疆(新)、云南(云)、贵州(贵)、福建(闽)、吉林(吉)、安徽(皖)、四川(川)、西藏(藏)、宁夏(宁)、辽宁(辽)、青海(青)、甘肃(甘)、陕西(陕)、内蒙古(内蒙)、台湾(台)、海南(琼)、北京(京)、上海(沪)、天津(津)、重庆(渝)、香港(港)、澳门(澳)。

7.3.3　常看地图

对着地图记忆基本地理知识是行之有效的方法。例如要记住我国的行政区划,就可以面对地图,按照以下的步骤进行。

首先记忆沿边沿海 19 个省(首府)、自治区(首府)、直辖市和特区。从天津开始,逆时针,顺着边界逐个对照记忆:天津→河北(石家庄)→辽宁(沈阳)→吉林(长春)→黑龙江(哈尔滨)→内蒙古(呼和浩特)→甘肃(兰州)→新疆(乌鲁木齐)→西藏(拉萨)→云南(昆明)→广西(南宁)→广东(广州)→澳门→香港→海南(海口)→南海诸岛→广东→福建(福州)→台湾(台北)→浙江(杭州)→江苏(南京)→上海→山东(济南)。

然后再记忆内陆 12 个省、自治区:北京→山西(太原)→陕西(西安)→宁夏(银川)→青海(西宁)→四川(成都)→贵州(贵阳)→湖南(长沙)→江西(南昌)→安徽(合肥)→湖北(武汉)→重庆。

记忆沿边省份和自治区时也可同时记住与各省、自治区接壤的国家:朝鲜(辽宁、吉林)、俄罗斯(吉林、黑龙江)、蒙古(内蒙古、甘肃、新疆)、俄罗斯(新疆)、哈萨克斯坦(新疆)、吉尔吉斯斯坦(新疆)、塔吉克斯坦(新疆)、阿富汗(新疆)、巴基斯坦(新疆)、印度(新疆、西藏)、尼泊尔(西藏)、不丹(西藏)、印度(西藏)、缅甸(西藏、云南)、老挝(云南)、越南(云南)。

与邻国接壤最多的是新疆维吾尔自治区,它与蒙古、俄罗斯、哈萨克斯坦、吉尔吉斯斯坦、塔吉克斯坦、阿富汗、巴基斯坦、印度8国接壤。

可用以下顺口溜记忆与我国陆地接壤的国家:朝、俄、蒙、哈、吉、塔、阿,巴、印、尼、不、缅、老、越。

通过反复记忆,脑子中就会有一幅中国地图,看到或听到某一地方,脑子中会浮现出该地在中国地图的位置。如果所在地是临边省份或自治区,脑子中也立即会浮现出与之接壤的国家。

7.3.4 应该记住的地理数据

以下这些地理数据是中国的象征,一定要牢记。

(1) 我国陆地疆土为960万平方公里,海洋疆土为300万平方公里,总计1260万平方公里。

(2) 长江长6380公里,它的支流流向各异,可谐音为"流向不同";或与黄河冬天封冻不同,长江是不会封冻的,所以可以记为"流上不冻";长江流经四川,记忆为"流向巴东"。

长江是世界第三大河流。第一名是非洲的尼罗河,全长6600公里,可以用"66大顺得第一名"帮助记忆。埃及在尼罗河上修建了阿斯旺水坝,拦住了河水,故也可用谐音"流流停停"记忆。它比长江长220公里,可以与常用"220伏电压"联系起来记忆;第二名是南美洲的亚马逊河,全长6400公里,比长江长20公里,这里20可谐音为"二等",正好与第二名相对应。

非洲的尼罗河6600公里和南美洲的亚马逊河6400公里只准确

到百位,而中国的长江 6380 公里则准确到十位,精度提高了一个数量级。

(3) 黄河流程达 5464 公里,可记忆为在黄河上漂流"我试 6 次";或用简谱记忆为"so fa la fa",进一步引申为英语 so far long far(这么远,又远又长)。

黄河流经的 9 个省区分别是青海、四川、甘肃、宁夏回族自治区、内蒙古自治区、陕西、山西、河南和山东。可以编成以下口诀:青川甘宁蒙("柠檬"的谐音),过了西山到河东,"西"指"陕西"、"山"指"山西"、"河"指"河南"、"东"指"山东"。

不用担心这样的口诀会把"西(陕西)"错为"江西"、把"河(河南)"错为"河北"、把"东(山东)"错为"广东"。只要对照地图看过黄河流向的人,都会有一个大概的印象,黄河在山东入海,不会流到河北省,也不会流到南方的江西省和广东省去。

(4) 长城起于山海关,止于嘉峪关,实长 6300 公里,可记为"比长江短 80 公里"。

(5) 世界第一高峰珠穆朗玛峰,早先公布的是 8848.13 米,其谐音为"爬、爬、死爬,登一山"。后经精确的测量并减去山顶的积雪厚度,正式确认为 8844.43 米,可谐音为"爬爬试试,登是山"等。

(6) 青藏铁路是世界上独一无二的高原铁路,全长 1956 公里,其中西宁到格尔木为 814 公里,格尔木到拉萨为 1142 公里。1956 对应于 1956 年,可以想象为"青藏铁路的前期工作 1956 年就开始了";814可以与西宁到格尔木段铁路基本上没有永冻层问题,可谐音为"不要试(验)";1142 对应五笔字型的"平"字,可记忆为"有了铁路以后,从格尔木到拉萨就如'平'地一样"。

7.3.5　结合重要事件扩展地理知识

改革开放中的中国,正在经历着天翻地覆的变化。海南省、重庆直辖市以及香港和澳门特区相继设立。新的铁路干线、南水北调工程和西气东输工程相继开工或竣工。在听到或看到这些消息时,都要对照地图看看。

我国是一个自然灾害频发的国家,地震、风灾、水灾时有发生,得知类似消息时也要对照地图看看。例如,2008 年 5 月 12 日四川汶川大地震,2009 年 8 月 8 日莫拉克台风肆虐台湾,重创台湾南部。所有这一切,都牵动全国人民的心。如果每天阅读报纸时都能对照地图,一段时间下来,对于绵阳、成都地区周边县市以及台南各县的地理位置一定会有深刻的印象。

7.4　历史知识的记忆

7.4.1　中国历朝顺序

中国历史悠久,需要记忆的内容很多。对于不是专门研究历史的人来说,不可能全部都记住,但是起码要记住中国历朝的顺序,免得出现"关公战秦琼"一类的笑话。

不少材料中介绍了一些记忆中国朝代顺序的《中国朝代歌》,下面是其中的一首:

尧舜禹夏汤商周,春秋战国乱悠悠。

秦汉三国晋统一,南朝北朝是对头。

隋唐五代又十国,宋元明清帝王休。

短短六句,便将上起先秦下到清代的几千年"历程"交代得清清楚楚。

中国历史上的五代梁、唐、晋、汉、周,不但难记,而且顺序容易颠倒。但如果用谐音"良糖浸好酒"则容易记住。

7.4.2 历代纪元

我国历代纪元如表 7-1 所示。

表 7-1 我国历代纪元

朝代	起止年份	历时/年	注
五帝	前 3000—前 2100	900	
夏	前 2070—前 1600	470	
商	前 1600—前 1046	554	
西周	前 1046—前 771	265	建都镐京(今西安附近)
东周	前 770—前 256	514	建都洛邑(今洛阳)
秦	前 221—前 206	15	
西汉	前 206—25	231	建都长安
东汉	25—220	195	建都洛阳
三国	220—280	60	
西晋	265—317	52	建都洛阳
东晋	317—420	103	建都建康(今南京)

续表

朝代	起止年份	历时/年	注
南北朝	420—589	169	
隋	581—618	37	
唐	618—907	289	建都长安
五代	907—960	53	
北宋	960—1127	167	建都东京(今开封)
南宋	1127—1279	152	建都临安(今杭州)
元	1206—1368	162	
明	1368—1644	276	
清	1616—1911	295	
中华民国	1911—1949		
中华人民共和国	1949—		

注：摘自外语教学与研究出版社出版的《现代汉语大词典》(2002 年增补版)。

由表 7-1 可知：

（1）我国历史悠久，从公元前 3000 年开始到现在，上下 5000 年。

（2）汉朝从公元前 206 年到公元 220 年，历时 426 年，可大体上记忆为公元前后 210 年。公元元年西汉平帝即位，公元 25 年刘秀建立东汉，可粗略地认为西汉与东汉之交就是公元前后之交。公元 100 年和200 年在东汉，公元 300 年在西晋，公元 400 年在东晋，公元 500 年在南北朝，公元 600 年在隋朝，公元 700 年、800 年和 900 年在唐朝，公元1000 年、1100 年和 1200 年在宋朝，公元 1000 年宋真宗即位。公元1300 年在元朝，公元 1400 年、1500 年和 1600 年在明朝，公元 1700 年、1800 年和 1900 年在清朝。

（3）历时只有两世的是秦朝和隋朝。

（4）历时不到 100 年的帝朝有四，即"秦 15 年"、"三国 60 年"、

"隋 37 年"和"五代 53 年"。

7.4.3 以清朝为例

如果对某个朝代感兴趣,可以把该朝的重要事件和年代整理成记忆链。下面以清朝为例,把重要事件和年代整理如表 7-2 所示。

表 7-2   清朝大事记

年号	即位年份	在位时间/年	注
天命	1616	11	国号初称"后金",为清太祖努尔哈赤所建
天聪	1627	10	清太宗皇太极即位,1636 年改国号为"清"
崇德	1636	8	
顺治	1644	18	清兵入关
康熙	1662	61	
雍正	1723	13	
乾隆	1736	60	"清"国 100 周年
嘉庆	1796	25	
道光	1821	30	1840—1842 年英国对华第一次鸦片战争,中国战败。签订《南京条约》,中国进入半封建半殖民地社会
咸丰	1851	11	1856—1860 英法对华第二次鸦片战争。1860 年 10 月火烧圆明园,同年太平天国金田起义
同治	1862	13	1894 年为甲午年,"甲午海战"中国战败,签订《马关条约》,割让台湾给日本
光绪	1875	34	1900 年义和团运动,八国联军攻占北京,再烧圆明园,签订《辛丑条约》。太平天国 1851—1864 年
宣统	1909	3	1911 年清朝被推翻

1. 年代的记忆线索

一般学过近代史的人，可能已经记住了 1840 年第一次鸦片战争、1860 年第二次鸦片战争、1911 年辛亥革命等，可以把这些年代作为"记忆挂钩"。

2. 重要年代的记忆

(1) 1616 年建立"后金"，1636 年改称"清"。

(2) 1644 年清兵入关。由于吴三桂降清，打开山海关，清朝的骑兵长驱直入，"一溜(马)嘶嘶"，正好是 1644 的谐音。年号为"顺治"，意"顺着统治关内"。

(3) 相传康熙帝幼年侥幸没有得天花，得以幸存并即位，所以 1662 可以记为"要留留你"。

(4) 三次世纪交替，第一次在康熙年间(1700)，第二次在嘉庆年间(1800)，第三次在光绪年间(1900)。

(5) 雍正帝即位为 1723 年，可与传说中的即位之谜联系起来，记为"依计你上"。

(6) 雍正帝在位期间大兴文字狱，杀了许多人，所以可把乾隆帝即位的年代 1736 年记为"依计杀戮"。乾隆即位于 1736 年，距国号"清"确立 100 年。与所有的皇帝一样，乾隆帝注意养生，在位 60 年后嘉庆帝才即位，可把 1796 年记为"依计久留"。

(7) 道光帝 1821 年即位，中国共产党成立于 1921 年，可记忆为"道光帝即位 100 年后中国共产党成立"。

（8）1851 年为辛亥年，60 年后 1911 年发生辛亥革命。据此可记忆为"咸丰帝即位后 60 年发生辛亥革命，同年太平天国金田起义"。

（9）同治帝即位为 1862 年，可记忆"康熙帝即位 200 年后同治帝即位"。

（10）光绪年间中日战争，中国全面战败，可用"光绪"的谐音"光输"记忆。1895 甲午海战失败，签订《马关条约》，割让台湾。台湾人民怨声载道，1895 可谐音为"也不救我"。"1895"也可谐音为"一把酒壶"。该年是无线电发明年，也可记忆为"签订《马关条约》后用无线电通知"。

（11）1900 年为庚子年，发生义和团事件，八国联军占领北京。1901 年为辛丑年，签订《辛丑条约》，迫使中国赔偿八国的战争损失，称为"庚子赔款"。

（12）1911 年的辛亥革命推翻了清朝。但是溥仪仍然赖在紫禁城里不肯离开，可记忆为"依旧依依"。

3. 与笔者个人经历挂钩

笔者出生于 1934 年，据此可记忆为"我出生前 290 年（1644 年）清兵入关"。

笔者 1962 年曾经到新疆罗布泊勘察，对当地的雅丹地貌印象极为深刻，康熙帝即位是 1662 年，可记忆为"我到罗布泊前 300 年康熙帝即位，前 100 年同治帝即位"。

笔者 1951 年入伍，咸丰帝即位是 1851 年，太平天国金田起义发生在 1851 年，两者同年。据此可记忆为"我入伍前 100 年咸丰帝即位，同年洪秀全等金田起义"。

4. 在位时间的记忆

在位时间可用以下方法记忆：

清太祖努尔哈赤在位 11 年。11 的谐音为"遥遥"，象征他所建立的后金在"遥遥"的关外。11 对应的五笔字型汉字为"一"，可与清朝开国第一位皇帝联系起来记忆。努尔哈赤在位 11 年，咸丰帝在位也是 11 年。

清太宗皇太极在位时间分两段，前段 10 年，后段 8 年。两段连在一起为 10—8，其谐音为"要等一发"，表示清朝此时仍然在关外，"要等"时机才能"发"。

顺治帝在位时间为 18 年，对应的谐音为"要发"，可记忆为清朝入关前后"要发（展）"。

康熙帝在位 61 年，对应的谐音为"留医"。康熙重视医术，常留医生在身边。

雍正帝在位 13 年，对应的谐音为"药膳"。皇帝都注意养生，服用"药膳"。

乾隆帝在位 60 年，乾隆注意养生，因而长寿。

嘉庆、道光分别在位 25 年和 30 年，对应谐音为"两湖山东"，可记忆为治理"两湖山东"。

咸丰帝在位 11 年，对应的谐音为"摇摇"，咸丰年间英法对华进行第二次鸦片战争，期间又逢太平天国起义，清朝统治"摇摇欲坠"。

同治帝在位 13 年，对应的谐音为"要散"，经太平天国起义的冲击，清朝统治"要散"。

光绪帝在位 34 年,对应的谐音为"杀死",光绪与慈禧同日死亡,传说是被"(毒)杀死"的。

宣统帝在位 3 年,对应为"散",清朝统治至此就"散"了。

5. 帝号的记忆

入关以后的帝号可用以下顺口溜记忆:

顺康正隆庆("顺"又"康","正""隆"重"庆"祝)

道咸治绪宣("治绪"音同"秩序",宣音同"悬")

"咸丰"前是"道光","同治"后是"光绪",可以记为"(咸)丰同(治)两头光(道光、光绪)",其中的"丰同"可谐音为"风洞"。

6. 关于太平天国的记忆

1851 年 1 月 11 日金田起义,国号"太平天国"。咸丰帝同年即位,可以记忆为"洪秀全与咸丰帝同年即位"。1853 年 3 月太平军攻克南京并改名为天京,并定都于此。1953 年笔者参加国庆节天安门阅兵,可以作为记忆参考点。1864 年洪秀全亡故,同年 7 月 19 日南京被清军攻克,宣告太平天国结束。前后历时 14 年。

7.4.4 结合时事扩展历史知识

中小学时学的历史知识范围广,不可能就某个问题作深入介绍。而结合重大的事件学习历史知识,则能了解更多的历史知识。例如我国与印度的边界争端,报刊上发表了一系列文章,介绍中印边界问题的由来。详细阅读这些文章,可以大大扩展历史知识。

7.5　把文章的要点串成记忆链

一次笔者参加一个为期 10 天的学习班,学习一篇长达 30 多页的中国共产党中央委员会的工作报告,要求用两天时间通读,以了解报告的大体内容。笔者用了两个小时通读了一遍,再花两个小时把报告的 9 个标题串成了记忆链,重复几次以后就能依次讲出报告的大体内容,达到了通读的要求。

一篇报告就是一篇长文章,它的各个标题或章节之间都有内在的逻辑联系,所以形成的记忆链也是合乎逻辑的,很便于记忆。需要特别注意的就是文章的转折点。文章到了转折点,叙述的话题变换了,合乎逻辑的记忆链就会中断,所以要特别注意转折点,要有意识地多重复背几遍,并在背的时候不断地提醒自己:"此处是转折点,要记住",也可以用荒谬的记忆链把前后互不相关的段联系起来。

为了加深对文章的理解,还可以从文章的写作手法上多想一想。首先假定如果自己是文章的作者,可能会怎么写,而文章的作者却不是那样写,为什么?他的写法好在什么地方等。经过这样的分析,可以牢牢地把文章的内容和结构记住。

7.6　如何背诵课文

语文经常需要背诵一些范文,如何才能背诵得快呢?

首先是用 7.5 节介绍的方法记住文章的要点和结构特点,其次是要积极思维,把自己"置身"到所背诵课文的环境中去。例如,背诵欧阳修的《醉翁亭记》,就要一边背,一边想象自己跟随着欧阳修一起去游玩、一起喝酒等情景。这样背诵的效果就特别好,只要一想起与课文中的词句相对应的情景,就会想起是什么词句。

熟到一定程度以后就可以试着背背看,看什么地方没有记住或记得不准确,然后再在这些记不住或记错了的地方多下点工夫,直到能正确地背出为止。

各种数码录音设备操作简便,不需要别人配合,就可以边背诵边录音,背诵结束后播放录音,检查是否背得正确,然后再有针对性地进行复习。

第 8 章

英语单词的记忆

8.1 不同能力不同要求

英语的记忆涉及单词的记忆和语法知识的记忆，本章只讨论单词的记忆。

听、说、(阅)读、写(作)四种能力之间既有联系，又有区别。下面以句子 The environment is everything that surrounds us：plants, animals, buildings, country, air, water—literally everything that can affect us in any way 为例分析一下听、说、读、写能力对于记忆的不同要求。

"读"到这句话时，由于所有的词拼写都是对的，而且按照语法关系正确无误地排列在那里，只要能识别就行了，并不要求熟练到能读能写。所以它的要求是比较低的。

"写"要求能正确无误地写出每个单词，能按正确的语法把各个单词排列成句子。很显然，只有记在脑子里的单词拼写和语法知识都是准确无误的，才能写出这个句子。所以"写"对于记忆内容熟练程度的要求比"读"要高得多，会"读"不一定会"写"。例如，即使自己把 environment 一词记成为 enviroment，中间少了一个 n，看到正确的拼写 environment 时也一定能懂。

"听"的对象是无形的声音，而且转瞬即逝，一般不会重复。所以它对所记忆内容的熟练程度要求很高，只要熟到了"化"的地步才能"一听就懂"。

"说"又比"听"难。实践表明，会"听"不一定会"说"。例如，有的人语音不好，不能正确地朗读出这一句话中的某些词，但是听到这些词时还是可以作出正确判断。只有熟记熟背以后才能在需要说的时候脱口而出。

由此可见，听、说、读、写四种能力对于记忆熟练程度的要求是不同的，对于中国学生来讲，"写"比"读"难，"说"比"听"难。

有的人在讨论英语学习中的记忆问题时，往往默认读者都处于"哑巴英语"状态，因而只讨论"读"，讨论如何记单词的拼写、如何扩大词汇量，很少涉及"听"和"说"。其实从"听"、"说"入手去记忆单词和语法知识，多种器官并用，不但可以增强记忆效果，而且也是摆脱"哑巴英语"状态的有效途径。

8.2 工夫下在平时

有的学生认为"英语是各门功课中最难学的"，有的学生认为"英语是各门功课中最好学的"。形成这两种截然不同看法的原因很多，是不是把工夫下在平时是主要原因之一。

英语单词的记忆也是这样。如果一开始学英语就抓紧，方法得当（主要从语音入手），学一课会一课，平均一个星期里需要记忆的生词数量并不大，初中阶段为 20 来个，高中阶段为 40 来个，大学阶段为 50 来个。对于记忆力极好的年轻学生来说，应该没有什么困难。随着学习的进展，他们对于英语的爱好程度与日俱增，越学越爱学，越学越会学。循序渐进，日积月累，高中毕业时可以熟练掌握 4000 个左右英语单词，大学毕业时可以掌握 7000 个左右英语单词和相应的语法知识。

如果平时不抓紧，到了中考或高考时才去复习，此时所面对的单词数量就有 2000 余个与 4000 余个了。这么大的记忆量，年纪再轻也会感到困难，何况还有不少需要记忆的语法知识呢！如果说在初中阶段，由于所学内容少，凭借年纪轻、记忆力好，即使平时不抓紧，临考试突击记忆一下或许还能勉强通过考试的话，那么进入高中与大学后，随着所学单词数量的积累与内容难度的增加，平时不抓紧，临时突击的方法很难奏效，不是考不及格就是得分不高。

工夫下在平时的一个很重要的方面就是生词本随身带，有空就拿出来背，MP3 播放器随身带，随时拿出来听。把零碎的时间利用起来，持之以恒，可以收到很好的效果。

8.3　又"听"又"说"效果好

即使一开始就抓紧记忆单词，也还有学习方法问题。方法对头事半功倍，方法不对头事倍功半。英语是拼音文字，记忆英语单词的方法很多，从语音入手，又"听"又"说"，记忆效果特别好。由于大部分英语单词的发音是有规律的,所以只要语音正确,可以做到"会念即会写"。

8.3.1　提高英语综合能力的需要

随着对外开放的日益深入,"哑巴"英语已经远远不能适应形势发展的需要,摆脱"哑巴状态"成了许多人的迫切要求。所以即使从"听"和"说"入手学习英语比不"听"不"说"的"哑巴"学习方式困难一些,也必须知难而进。

8.3.2　又"听"又"说"效果好

语音在英语单词记忆中的重要作用表现在两个方面:一是使单词的音形融为一体;二是充分发挥读音在记忆中的作用。英语作为拼音文字,词的音和形是紧密联系在一起的。英语发音虽然不是完全有规律的,不能像有的语种那样做到"见到就会念,会念就会写"。但它毕竟不是音形脱节的象形文字,它的发音基本上是有规律的。通过正确的读音去记英语单词,把英语单词的音形融为一体,不但是记忆英语单词的最基本的方法,而且是一条捷径,可以收到事半功倍的效果,基本上做到"会念就会写"。

由于听觉记忆有视觉记忆所没有的独特效果,朗读又可以形成运动记忆,因此出声朗读有助于记忆,高声而清楚的朗读效果更好。有节奏的朗读还能唤起回忆。经常有这样的情况,某些词语默写不出来,但是一边念一边写就能很顺利地把它带出来。

有的人不太重视语音和朗读,记忆生词时音形脱节,一个字母一个字母地去记英语单词。例如,有的人记 hotel 一词时,嘴里不断地重复

"h-o-t-e-l 旅馆",就是读不出正确的读音。用这种方法去学习英语和记忆英语单词,也许能通过考试,但是很难真正掌握英语。习惯于用这种方法记忆英语单词的人,在阅读英语书刊时也是一个字母一个字母地拼成一个词,看自己认不认得,是什么意思,搞清楚一句中所有的词的汉语译意以后再进行语法分析,看整个句子是什么意思,整个段落是什么意思,整篇文章是什么意思等,因而难以提高阅读速度。

8.3.3　语音要准确

第一次接触任何一个英语生词的语音时,脑子里一片空白。先入为主,所以一开始就要掌握正确发音,以便在脑子里形成正确的语音形象。不要拖泥带水,不要发出多余的音,也不要丢掉某个音。只要第一次接触时记住的声音形象是正确的,发音再特殊的生词也能记住。

如果第一次接触到生词时建立起来的语音形象是错误的,不但不利于记忆,而且事后纠正起来非常困难。

语音稍微有点走样,都可能引起差错。例如把 intermediate 一词中的 diate 朗读成 dirte,把 died 读成 dired 等,都会导致拼写的差错,不是多一个字母就是少一个字母。

又如 corps(军团)一词后边的 p 和 s 不发音,如果发音就成了 corpse(尸体)。

不少人由于种种原因没有掌握基本语音知识,从而陷入极大的被动,花的工夫不少,收效很小,视英语学习为畏途。要想摆脱这种状态,可以结合当前所学的内容补语音。在他人帮助下,或者一丝不苟地模仿录音教材的发音,逐词逐句纠正,直到能正确朗读全部课文为止。只要坚持这样做,用不了多长时间就可以取得英语学习的主动权。

8.3.4　大声朗读

在正确掌握语音的基础上,应该大声朗读英语单词或课文,使口腔肌肉运动起来,参与整个的记忆过程,形成运动记忆。研究记忆机理的科学家认为,人对于肌肉运动形成的运动记忆特别深刻,可以维持很长的时间,甚至终身不忘。比方说,我们年幼时学会了骑自行车和游泳,即使中间隔了多年,也不会忘记。

当我们"读"英语时,口腔和喉头的肌肉都在脑子的统一指挥下运动,口腔肌肉在很短暂的时间内要做一连串的运动:舌头的升降进退、嘴唇的张开闭合、口腔及喉头肌肉的各种振颤等,构成了千万种不同的组合。不同的单词发音对应于不同的组合,经过多次的重复,对应于这个发音的运动组合就会形成牢固的运动记忆。由此可见,朗读(尤其是高声朗读)对于英语单词的记忆是非常重要的。

8.3.5　注意细微的语音区别

朗读时要特别注意细微的语音区别,以使记得的词拼写准确无误。例如,朗读 environment 和 surprise 时要注意发出 enviroNment 中的 N 和 suRprise 中的 R,以便准确地记住其拼写为 environment 和 surprise。

英语水平高的人朗读英语单词时,尤其是结合课文朗读时,常常会连读、弱读,初学者在记忆单词拼写时要把所有的音都读出来。

8.3.6　不要用汉语注音

有的人记忆英语单词时用汉语做注音,例如用"固德拜"记忆 goodbye(再见)、用"蛇"记忆 sir(先生)、用"蒙你"记忆 money(金钱)等。

对于没有英语基础知识,但是实际工作中迫切需要学几句简单英语会话的人来说,也许可以采用这种应急的记忆方法。对于真正把英语作为一门知识来学的学生和在职人员来说,千万不要采用这种方法。

8.3.7　用录音机帮助记忆

可以按以下方式使用录音设备记忆单词:

(1) 泛听记忆

例如,为了准备 TOEFL 考试,可以泛听《词汇 5000》或《词汇 10000》等的声音文件或磁带,在反复听的基础上,挑选出生词和疑难词(容易拼写错或读错的词)。

(2) 重点记忆

假定要纠正以下错误拼写:

把 magazine 错写成 magzine

把 measure 错写成 messure

把 occasion 错写成 ocassion

把 pressure 错写成 preasure

把 separate 错写成 seperate

把 vehicle 错写成 vihecle

然后由自己朗读，把这些词汇录制在磁带或电子录音机里。录制时要特别说出记忆的要点和需要纠正的差错。例如，错把 environment 拼写成 enviroment，那么录制时就要清晰地朗读出以下语句：

"e-n-v-i-r-o-n-m-e-n-t environment，注意中间有一个 n"。

这样，以后每次听一遍磁带，对于"中间有一个 n"的印象会非常深刻，从而纠正错误的拼写。

随着学习的进展，疑难词（容易拼写错或读错的词）和生词的内容要随着学习的进展及时更新。

（3）分批记忆

电子录音机操作简单，可以随时更新，非常适合学生记忆当前所学课的生词，每天把要记忆的 10 个单词录入后即可反复听。

8.3.8 注意特殊发音

从语音入手记忆英语单词时要特别注意特殊发音，例如 parachute（降落伞）一词中的 ch 发 sh 的音，amoeba（阿米巴）和 phoenix（凤凰）中的 oe 发[i:]的音等。

8.3.9 注意不发音和重复的字母

不少单词中有的字母不发音，有的字母是重复的，初次接触时就要特别注意，例如 Wednesday 中的第 1 个 d 和 chemistry 中的 h 不发音，satellite 中有两个 l，第一次接触时就要记住。

8.4　在各种环境下记忆单词

记忆英语单词与环境有关。例如，学一课之前，先学该课的英语单词，每个单词后面是音标、词类与释义，有顺序地排列着。学会了这些单词以后再学课文。在学课文的过程中，碰到已经学会了的单词，往往仍感到陌生，不知道是什么意思和怎样发音，只得再翻回去看看生词表上的有关注释。如此多次反复，才能记住和理解这些英语单词。

为什么会有这种现象呢？因为在记忆和理解英语时你利用了生词表的环境因素的暗示，诸如某一个单词在生词表中的顺序和印刷的样式（尤其是大小写）等都是有助于记忆的环境因素的暗示。学习课文时，这些环境因素的暗示没有了，你也就感到陌生了或不认得了。或者即使在这篇课文中已经记住的生词，放到另一新课里，可能又会觉得陌生。这是因为课文的内容、题材和编排形式等环境因素改变了。

因此，要想熟练地掌握英语单词，还必须要在各种环境下记忆。不管主观上是否意识到这一点，这是我们每个人记忆英语单词时都要走的一条曲折的路。记忆和理解英语单词的时候，我们要利用环境因素的暗示，随后又要在不断地学习和应用过程中逐步摆脱这些环境因素的暗示，达到抽象的记忆和理解。必须要有长期艰苦努力的思想准备，千万不要因为在短期内记不住而灰心丧气。

至于理解某一单词的广泛释义，更是需要通过不断地反复才能达到。刚开始学习英语的时候，教科书上一般一个英语单词只列出某课课文中用得着的汉语释义，例如初中英语第一次碰到 get 这个词时只列出"获得、得到"等注释。这样的注释看多了,初学者往往误以为 get 这个英语单词就只有这些汉语解释,而且牢牢地记住了这些释义,别人问起时能毫不犹豫地回答出来。

继续学下去,才知道这个单词还有许多别的解释。它可以作"抵达"解,如 When do we get to Beijing(我们什么时候到达北京);也可以作"变为"解,如 It's getting warmer and warmer(天气变得越来越暖和了);还可以作"理解、记住、听到、学到"解,如 Do you get me(你明白我的意思吗)? Yes,I got(是的,我明白)。

此外还有许多别的解释,尤其是与别的词组合在一起,其表达力就更丰富了。例如, get away 作"离开、滚开"解,get through 作"到达、(打电话)打通"解,get up 作"起床、登上"解等。等到脑子里有了这么多对于 get 这个单词意义的理解时,别人猛一问 get 这个英语单词是什么意思时,还不一定能马上回答出来。但是当这个单词与别的单词组合在一起,在不同的文章里出现时,却都能随机应变地正确理解它。只有到了这种境界,才能说明对英语单词意义的理解比较广泛了,水平提高了。

由此可见,短时突击机械地记忆大量英语单词达不到全面提高英语水平的目的,只有与语音、语法以及与其他英语单词有机地结合在一起的单词才是"有血有肉"有生命力的,才是有助于提高英语水平的。

8.5　构词法记忆

大量英语单词是由词根与前缀或后缀构成的,所以分析单词结构,了解前后缀的含义以及词根,便有可能触类旁通,记住大量的英语单词。

8.5.1 常用前缀

- ab 脱离

  abnormal 反常的

  abuse 滥用

- anti 反

  antigovernment 反政府

  antitank 反坦克

- auto 自动的

  automatic 自动的

  automobile 汽车

- bi 双,二

  bicycle （双轮)自行车

  bi-weekly 双周一次的,双周刊

- by 附属的,旁边的

  by-product 副产品

  by-effect 副作用

- centi 百,百分之一

  centimeter 厘米

  century 世纪

- circum 环境,在周边

  circumsolar 围绕太阳的

  circumstance 环境

- co　共,一起

  co-exist　共存

  co-operate　合作

- con　共同,一起

  concur　同时发生

  在 l 前为 col,如 collision(碰撞)

  在 m、b 或 p 前为 com,如 compress(压缩)

  在 r 前为 cor,如 correlative(有相互关系的)

- contra　相反

  contrast　对比

  contradiction　矛盾

- counter　反对

  counterclockwise　逆时针的

  counterattack　反攻击

- de　除去

  decompose　分解

  decrease　减少

- deca　十

  decade　十年,旬

- deci　十分之一

  decimal　十进制的,小数的,小数

- di　二

  dioxide　二氧化物

diode 二极管

- dia 通过,横过

  diameter 直径

  diagonal 对角线

- dis 不,无

  disappear 消失

  disconnect 切断

- eco 生态的

  ecology 生态学

  ecosystem 生态系统

- en 置于,使

  encircle 包围

  encourage 鼓励

- extra 在……之外,超出

  extrajudicial 超出法庭职权的

  extraordinary 特别的,反常的

- ex 除去,离开,出自

  exclude 除掉

- fore 前;先;预

  forecast 预报

  foreword 前言

- geo 地球,土地

  geology 地质学

geometry　几何学

- hemi　半

hemisphere　半球

hemicycle　半圆形

- homo　同

homogeneous 均匀的

homophile　关心同性恋者权益的

- hydro　水的，液体；氢的，氢化的

hydrodynamic　液体动力的，水力的

hydroelectric　水力发电的

- hyper　超越

hypersonic　超声速的

hyperfine　高度精细的

- in　在内；向内

inside　内部

information　情报；信息

- inter　在……间；相互

interchange　交换

interaction　相互作用

- intro　向内；向中

introduce　引导；传入

introduction　介绍；导论

- kilo　千

kilogram　公斤,千克

kilometer　千米,公里

- micro　微；小

microphone　麦克风；话筒

microwaves　微波

- mid　中

middle　中间

midway　中途

- mis　误

misunderstand　误解；误会

mistake　错误

- mono　单；一

monochrome　单色

monopoly　垄断

- multi　多

multiform　多形的

multimeter　万用表

- neo　新；新型的

Neolithic　新石器时代的

neo-Nazi　新纳粹分子

- non　非；不

nonmetal　非金属

nonconductor　非导体

- out 超过；向外

  outbreak 爆发

  outside 外部

- over 超过；过分

  overcharge 过量充电

  overload 超载

- para 准……，降落伞的

  paramilitary 准军事的

  paratroop 伞兵

- pent 五

  pentode 五极管

  Pentagon（美国国防部）五角大楼

- phil＝philo 爱好，亲

  philharmonic 喜欢音乐的，爱乐的

  philotechnic 爱好工艺的

- photo 光

  photochemistry 光化学

  photograph 相片

- poly 多

  polyethylene 聚乙烯

  polytechnic 多种工艺的

- post 后

  postwar 战后的

- pre　前

  prewar　战前的

  pre-set　预置

- pro　亲

  pro-government　亲政府的

- pseudo　伪、拟、假

  pseudonym　假名,笔名

  pseudograph　伪作,冒名作品

- quasi　类似,准,半

  quasi-judicial　准司法的

  quasi-official　半官方的

- radio　无线电,放射,辐射

  radioactive　放射性的

  radioelement　放射性元素

- re　再

  rewrite　重写

  reconstruction　重建

- seismo　地震

  seismogram　地震图

  seismology　地震学

- semi　半

  semiconductor　半导体

  semi-automatic　半自动

- sub　次于,低于,在下

  subway　地下铁道

  submerge　浸在水中

  subsystem　分系统

- sur　在上,超

  surface　表面

  surpass　超过

- super　超

  superconductivity　超导

  supersonic　超音速的

- sym＝syn　共、同、与、合

  sympathy　同情

  synonym　同义词

- tele　远

  telephone　电话

  telescope　望远镜

- thermo　热的,热电的

  thermocouple　热电偶

  thermometer　温度计

- tri　三

  triangle　三角形

  tricycle　三轮车

- ultra　超,极端

ultrasonic　超声的

ultraviolet　紫外的

- un　不，未

unable　不能

uncommon　非凡的

- uni　单，一

unilateral　单方面的

unipolar　单极的

- under　不足，在……下

underproduction　生产不足

underground　地下的

- xeno　外来的，外国人

xenophilia　崇外

xenophobia　恐外症

8.5.2　常用后缀

- able　形容词后缀，表示“……的”

countable　可数的

suitable　合适的

- age　名词后缀，表示状态、行为或结果

storage　贮存

usage　使用，用法

- al，ial　名词后缀，表示状态、行为或其结果

removal　移开

proposal　建议

- ance,ence,ancy,ency　名词后缀

importance　重要性

frequency　频率

- ant,ent　名词后缀

resultant　合力,生成物

constant　常数

- ant,ent　形容词后缀

important　重要的

different　不同的

- er　表示"……人","……者",工具,用品

reader　读者,阅读器

computer　计算者,电脑

- fold　接在数词后面构成形容词或副词,表示"……倍"

three-fold　三倍的

- free　形容词后缀,表示"无……的"或"免于……的"

duty-free　免税的

nuclear-free zone　无核武器地区

- ful　形容词后缀,表示"充满……的"、"有……的"

useful　有用的

successful　成功的

- gram　名词后缀,表示"书写物,描绘物"

telegram 电报

photogram 照片

- ic,ical 形容词后缀

metallic 金属的

politic(al) 政治的

- ician 名词后缀,表示"……精通者"、"……家"

mathematician 数学家

technician 技师

- ics 表示"……学"

electronics 电子学

physics 物理学

- ify 动词后缀,表示"使……","……化"

amplify 放大

classify 分类

- sion,tion 名词后缀

construction 建设

division 除法,区分

- ish 形容词后缀,表示"略带……色的"

reddish 略带红色的

- ism 名词后缀,表示"……主义"

communism 共产主义

capitalism 资本主义

- ist 名词后缀,表示"……者"

physicist　物理学家

scientist　科学工作者

- ive　形容词后缀，表示"……的"

active　积极的

productive　有生产力的

- ize(ise)　动词后缀，表示"……化"

mechanize　机械化

organize　组织

- less　形容词后缀，表示"没有……的"

useless　无用的

limitless　无限的

- logy　名词后缀，表示"……学"

geology　地质学

biology　生物学

- ly　副词后缀

slowly　慢慢地

possibly　可能地

- mania　名词后缀，表示"……狂"，"……癖"，"……迷"

bibliomania　藏书癖

megalomania　夸大狂

- ment　名词后缀，表示行为、动作或其结果

movement　运动

development　发展

- meter　名词后缀,表示"……仪"

  thermometer　温度计

  voltmeter　电压表

- metry　名词后缀,表示"……测量","……学"

  geometry　几何学

  trigonometry　三角学

- ness　名词后缀

  hardness　硬度

  usefulness　有用

- or　名词后缀,表示人或物

  operator　操作者

  conductor　导体

- pathy　感情、感觉

  antipathy　反感

  sympathy　同情

- phile　爱好,亲

  bibliophile　藏书家

  xenophile　崇外者

- phobia　构成名词表示"恐惧,憎恨"

  hydrophobia　恐水,畏水

  xenophobia　恐外症

- proof　形容词后缀,表示"防……的"

  waterproof　防水的

lightproof 不透光的

- some(附在名词、形容词或动词后面构成名词),表示"易于……的","有……倾向的","产生……的"

tiresome 累人的,使人厌倦的

quarrelsome 好争吵的,好争论的

- th 名词后缀,表示"……度"

length 长度

width 宽度

- ty 名词后缀,表示"性质,状态"

density 密度

ability 能力

- therapy 名词后缀,表示"治疗,疗法"

chemotherapy 化学疗法

thermotherapy 温热疗法

- tude 名词后缀,相当于 ness,表示"性质,状态,程度"

altitude 高度

attitude 态度

- ward(s) 副词后缀,表示"向……"

forward(s) 向前

upward(s) 向上

- y 形容词后缀,表示"有……的"

muddy 泥泞的

watery 多水的

8.5.3 注意事项

根据前后缀记忆英语单词时要注意以下两点：

（1）结合学习进程记忆这些前缀、后缀和词根。

（2）注意例外情况。例如，一般情况下在形容词上加 ly 后缀后成为副词，即意义不变，由"……的"变成"……地"，例如形容词 slow 的意思为"慢的"，slowly 则为副词"慢慢地"。但是形容词 hard 的意思为"硬的，艰难的"，而 hardly 虽然是副词，其意义却为"几乎不"。又如名词 traitor 的意思为"叛徒"，但 trait 也是名词，意为"品质，特性，性格"，两者没有联系。

8.5.4 从词根入手

有关英语词根的书籍很多，限于篇幅，这里只通过例子简单介绍从词根入手扩大词汇量的两种方法。

1. 把已经记住的单词系统化

词汇量积累到一定程度以后，可以系统地阅读一本分析词根的书，把已经记住的单词系统化。

例如，虽然我们已经记住了 accept(接受，领受，承认)、except(除……之外，把……除外)和 intercept(截取，截住，拦截，截击)，可能不一定注意到它们有相同的词根 cept。看看有关词根方面的书，即可得知词根 cept＝take(拿、取)，以上 3 个词的构词方式如下：

accept ［ac 加强意义。cept 拿→接→］ 接受，领受，承认

except ［ex 外,出。cept 拿;"拿出去"→排除,除外］ 除……

之外,把……除外

intercept ［inter 中间→从中。cept 拿,取;"从中截取"→］

截取,截住,拦截,截击

2. 举一反三,扩大词汇量

选择一本有关词根的书,逐个阅读过去,不追求进度,以扩大词汇

量为目的。例如,阅读词根 ag＝do,act 一节可以掌握以下单词:

agent ［ag 做。ent 名词后缀,表示人;"做事者","办事

人"→］ 代理人

agential ［同上。ial 形容词后缀,……的→］ 代理人的

subagent ［sub 副的。agent 代理人→］ 副代理人

coagent ［co 共同。ag 做,作。ent 表示人;"共同做事的

人"→］ 共事者,合作者

agency ［ag 做。ency 名词后缀］ 代理,代理处,机构,作用

coagency ［co 共同。ag 做,作。ency 名词后缀］ 共事,协

作,合作

agenda ［ag 做。end 名词后缀。a 表示复数,原意为 things

to be done"待做的事项"→］ 议事日程

agile ［ag 动→活动→灵活。ile 形容词后缀,……的］ 灵活

的,敏捷的

agility ［同上。lity 名词后缀,表示抽象名词］ 灵活,敏捷

agitate ［ag 动。ate 动词后缀,使……,"使骚动"→］ 鼓动,

煽动,搅动,使不安定

agitation　〔同上。ion　名词后缀〕　鼓动,煽动

agitator　〔同上。or　表示人〕　鼓动者,煽动者

agitatress　〔同上。ress　表示女性〕　女鼓动家

agitated　〔同上。ed　形容词后缀,……的〕　不安的

agitating　〔同上。ing　形容词后缀,使……的〕　使人不安的,
　　　进行鼓动的

agitatprop　〔由 agitate(鼓动)与 propaganda(宣传)两个词合并
　　　缩写而成〕　宣传鼓动,宣传鼓动机关(人)

counteragent　〔counter　反。ag　做,作用。ent　表示物〕　反
　　　作用剂,反抗力

很显然,阅读此类内容是很有利于扩大词汇量的。

注意事项: 并不是所有相同的字母组合一定就是相同的词根。例如 age 和 ago 等并不是从词根 ag＝do,act 转化来的,所以学习过程中已经记住了某个词,不一定为了找出该词的词根而费很多工夫。

8.6　联想记忆

有的心理学家认为,记忆最基本的规律就是对新的信息和已知的信息进行联想,也就是进行联想记忆。所谓联想记忆,是指把需要记忆的各种东西联系在一起,形成记忆链,只要能想起这个记忆链中一个环节的内容,就可以顺藤摸瓜,回想起其他环节的内容。

应用联想记忆的方法记忆英语单词效果比较明显。方法是在记忆

一个生词的拼写、释义或一个词新的释义时，与你已经熟悉的词语的拼写或释义联系起来，形成记忆链。因为这个记忆链中的有些内容是你所熟悉的，捎带着也就把新的生词或新的释义记住了，或需要时能回忆起来。

也许有的人会认为联想记忆时还要记一些与"联系"有关的额外信息，不就增加了记忆的容量，不就更增加了记忆的困难吗？这种情况很像一个容量很大的仓库，如果存放在库里的各种物品杂乱无章，没有分类，虽然省了一些地方（其实仓库还有很多的空地方没有用呢），你要找某种东西时必须一个一个去翻，非常难找，而且还不一定能找到。相反，如果存放的东西是分类有序的，虽然多占了一些地方（空着未用的地方有的是，不存在因为这样做而引起仓库面积不够的问题），但需要时一找就能找到。

人脑的情况与此非常相像，它有足够大的容量，在任何情况下都不存在记忆容量不够的问题，多记忆一些与"联想记忆"有关的数据并无困难。

联想记忆的途径很多，介绍各种联想记忆方法的书籍也很多。下面是笔者在学习英语过程中应用过的一些联想记忆方法，效果极佳，读者不妨一试。

8.6.1　把一个词拆成几个词

有时把一个词拆成几个词以后便于记忆，例如：

ambush（伏击）可以分解成 am（是）和 bush（灌木林），记忆成"是（am）在灌木林（bush）处进行伏击的"。

antenna 一词的前 5 个字母正好是 an(一)和 ten(十)，好记！只需记住最后的 na 即可准确地记住整个词。

assassinate(暗杀)这个字比较难记，我们可以把它分解成几个有意义的，而且又能连贯起来的英语单词 ass、ass、in、ate。ass 是"毛驴"的意思，in 是"在里面"，ate 是"吃"。这样，我们可以把这个词记忆成"一头毛驴，又一头毛驴，在里面把人吃了"。

campus(校园)可分解为 camp(临时安顿)和 us(我们)，记忆为"临时安顿我们"。

calendar(日历)这个词往往误拼成 calender(压延机)。只要记住：calendar(日历)是管日子(day)和日期(date)的，在 day 和 date 这两个词里，都有 a，由此可以记住"日历"的英语是 calendar，而不是 calender；calendar 一词中有 cal 和 end，可记忆为"计算(cal)日子到末尾(end)"。

candidate(候选人)一词可以分解为 can(能够)、did(做)和 ate(吃) 3 个词，记忆成"能做能吃的候选人"。

capsize(船倾覆)一词可以分解为 cap(小帽子)和 size(尺寸)两个词，记忆成"轮船倾覆后沉没，只露出像'小帽子'那样的一点'尺寸'"。

carcase 可以分为 car(车)和 case(盒子)，以记忆为"把'尸体'放在车的盒子里"。

carnation(康乃馨)一词可以分解为 car 和 nation，引申出"车"的"国家"，美国有"车之国"之称，所以可把这个词记忆成"美国有康乃馨花"。

记住了 carnation 以后，再记忆 incarnation（化身，体现）和

incarnate(赋予……以形体,使成化身)这些词时可以引申为"化身在'康乃馨'里"。

clandestine(暗中的,偷偷摸摸的)一词由 clan(部族)+destine(预定、指定)两个词组成,可以记忆为"部族秘密地指定"。

colleague 一词由前缀 co(共同、一起、相互)与 league(联盟、联合会)组成,很容易记住其意义为"同事"。

committee(委员会)这个词,前面的 co 一般都能记住,问题是后面的两个 m、两个 t、两个 e 和一个 i 比较难记。由于英文字母(I)的意思是我,因此可以记成:"在这个委员会(committee)里,只有我(I)一个人是男的(或女的)"。

compass(罗盘)可以分解为 com(共同)和 pass(通过),记忆成"(在罗盘指引下)共同通过"。

conscience(良心、道德心)可以记忆成 con 和 science,后面的 science 是"科学",也可以与"良心,道德心"联系起来,记成"科学要讲良心"(注意:conscience 的发音与 science 完全不同,不要混淆)。

fundamental(主要的,根本的)可以分解为 fund(资助)、a(一个)和 mental(精神病患者),记忆成"主要的目的是资助一个精神病患者"。

hesitate(犹豫)可以分解成 he、sit 和 ate,记忆成"他(犹豫地)坐下吃"。

innocent(清白的、无罪的、无辜的)可以分解成"in、no 和 cent",记忆成"因为是清白的,所以口袋里(in)没有一分(no cent)贪污来的钱"。

island(岛)分解成 is 和 land 后,可记忆为"岛(island)是(is)陆地(land)"(注意:其中的 s 不发音)。

massacre(大屠杀)分解为 mass(大量)和 acre(英亩)后,可记忆为"大量地在'英亩'土地上进行屠杀"。

marriage(结婚)这个词中有 i 和 age,可以记忆成"我"已经到了(或还没有到)结婚(marriage)年龄(age)。

peninsula(半岛)这个词可分解成 pen、in 和 sula,记忆成"钢笔(pen)在(in)半岛(sula)"。

把 surveillance(监督,监视)分解成 sur(表面)、veil(面纱)和 lance(长矛)3 个词后,记忆成"(监视)表面(盖有)面纱的长矛"。

transparent(透明的)一词分解成 trans 和 parent 两部分后,可记忆为"透过(trans)双亲(parent)"。

tulip(郁金香)可以记忆为 two 和 lip(但是要注意此处 tu 的发音与 two 不同),记忆为"两片嘴唇"。

village(村庄)分解成 villa(别墅)和 age(年龄)后,可以记成"有年龄的别墅"(由于英语单词中很少有两个 a 连续出现的,所以此处重复利用字母 a 一般并不会引起混淆)。

8.6.2　形象记忆

形象记忆的效果很好,只要深入观察,有时可以找到一些形象记忆的窍门。

例如,balloon(气球)的拼写比较难,两个 l 两个 o,日子一久,就记不准了,不是少一个 l,就是少一个 o。可以把两个 o 想象成两个气球,两个 l 可以想象成两个挑气球的棍子。两个棍子挑着两个气球,不就记住了吗?

如果发音正确,balloon 也可以这样记忆:"气球"是"球"(ball),根据发音[u:n],后面一般情况下应该是 oon,因此其拼写为 balloon。

pine tree(松树)可以与 pin(针)联系起来记,因为松树的叶子像针一样。

parallel(平行的)一词中间有 ll,可记为"中间有两条平行线"。

racket(球拍)与 rocket(火箭)两个词有时容易混淆。可以这样来记忆和区分它们:火箭的形状是一个圆柱体,其横断面呈 o 形,故其拼写为 rocket;而球拍,不论是网球拍还是乒乓球拍,都有一个把手,拍子的形状很像字母 a,因而其拼写为 racket。

satellite(卫星)这个单词也比较难记,往往忘记有两个 l。如果把中间的两个 l 想象成卫星的发射轨道,卫星从这个发射轨道上升空就比较容易记住。

scissors(剪刀)一词中的两个 s,可以记忆成剪刀的两个把手(形似)。

8.6.3　多词记忆

有的时候记一个词不好记,多记忆几个词反而好记。例如,condemn(谴责),最后的字母 n 不发音,不太容易记住是 m 结尾还是 n 结尾。但是如果再把这个词的名词 condemnation 记住而且能正确地读出来,那么很自然地就记住这个词以 n 结尾,而不是 m。由此也可捎带着记住 column(柱,纵队)这个词。

又如,enterprise(企业)和 merchandise(商品)容易错记成 enterprize 和 merchandize。这两个词的释义都与 business 一词有联系,而 business 一词里的字母全部是 s 而不是 z。

8.6.4 顺序记忆

business 这个词,有时容易错记成 bussines 或 bussiness。但若按"先一个 s,后两个 s"记就比较容易记住,因为"一个、两个"符合自然顺序,不会忘记。

又如,Afghanistan(阿富汗)一词中 fgh 这 3 个字母是连着的,与字母表上的顺序一样,谁先谁后一目了然。

queue(排队,排列)一词的后面有两个排好队的 ue。

8.6.5 组成句子

cache(地窖)一词的发音和 cash(现金)一词的发音完全一样,可以用下面的一句话去记忆:Hide cash in cache(把现金藏在地窖里)。

campaign 可以用下面的一句话来记忆:A PAINful military camPAIgN is underway in a CAMP(军营里正进行着一场痛苦的军事战役)。

maintenance(维护)这个词中的 TEN 可以记忆成下面的一句话:A dollar's worth of mainTENance may save you TEN dollars in repair later(花一元钱维护,以后可节约十元钱的修理费)。

miscellaneous(混杂的)是由各种各样的 CELL(单元)组合起来的。

8.6.6 荒谬联想

荒谬联想记忆的效果很好。例如:

altar(祭坛)的发音与 alter(改变)一样,而且一般人都已经记住了 alter,记 altar 时可联系记忆为"改变(alter)圣坛(altar)"。

ample(丰富的)可以与 maple(枫树)联系起来记忆,记为"丰富的枫树",记住了 ample 以后可以引申出 amplify(放大)、amplification(放大系数)和 amplifier(放大器)等。

把 arable(可耕地)与 Arab(阿拉伯)联系起来,记成"阿拉伯国家大多数在沙漠地区,但是却有很多可耕的地"。

bargain(讨价还价)一词可以分解为 bar(阻止)和 gain(得益),联想为"阻止对方得益的方法就是讨价还价"。注意:bargain 一词中的 gain 的发音为 [gin],与单词 gain(得益)的发音[gein]不同。

beef up(增强)和 soup up(增加马力)可以记成"吃了(牛肉)喝了(汤)以后体力就加强了,就增加了马力"。

boot 为"皮靴",booth 为"摊位",可以联系起来记忆成"卖皮靴的摊位"。

coma(昏迷)和 comatose(昏迷的),后一词后面发音很像汉语"拖死",可以记忆为"昏迷拖死"。

crowd(一群)和 crow(乌鸦)结合在一起,可记成"一群乌鸦"。

Cyprus(塞浦路斯)与 cypress(柏树)联系起来,可以记成"塞浦路斯"出"柏树"。

dank(潮湿的)与 bank(银行)联系起来,可以记成"潮湿的银行"。

diet 的意思是"饮食",而 Diet 又作日本、丹麦等国的"国会"解。可以荒谬地认为"日本和丹麦等国的国会(议员)需要饮食"。

在一部美国电影中,一个人指着 dog(狗)说:"你们不要看不起它,它的反面是 god(上帝)"。

doctor 作名词时意为"博士",作动词时意为"修改,伪造,窜改(文件、账目等)",可联系记忆为"博士窜改(账目)"。

evil(罪恶)是 live(生活)的倒写。可以记忆成"(生活)颠倒过来就是(罪恶)"。

gorilla(大猩猩)一词的发音与 guerrilla(游击队)完全一样,可记忆为"大猩猩游击队"。

locomotive 一词中的 3 个 o,可以记忆成火车头的 3 声长鸣。

可以荒谬地把 menu(菜单)与 manure(粪便)联系起来,记忆成"一菜单粪便"。

mild(温和的)与 wild(野的)两个词在意义上是相反的,而字母 w 和 m 也是相反的,这样一联系就容易记住了。

Noble(尊贵的)与 Nobel(诺贝尔)两个词可以联系起来记忆为"尊贵的诺贝尔"。

selfish(自私的,利己的)一词中有 fish,可以联想到"渔利"。从而引申出"自私的"。

slay 意为"杀死",可结合其发音记成用"死勒的方法杀死"。

swallow 一词可作"吞下"与"燕子"解,可记成"吞下燕子"。

一般人都记得 tower(塔) 这个词,记忆与其发音相近的 towel(毛巾)时可以记成"毛巾挂在塔上"。

taboo 的释义为"禁忌,忌讳",其发音接近"特不",从而记住其释义。

telegraph 作名词时意为"电报",作动词时意为"(无意间)流露,泄露",可联系记忆为"电报(无意间)泄露(情报)"。

tomb 可以根据发音记成"土墓"。

violent(极端的)与 violet(紫罗兰色的)只差一个字母,可联系起来记为"暴力的紫罗兰"。

采用荒谬联想法记忆单词时只要自己认为有助于记忆即可,并不一定要讲解给别人听,所以不要过分追求是不是合理。

可以用荒谬联想区分容易混淆的单词。例如,可以用以下方法区分 ballet(芭蕾舞)、ballot(选票)、bullet(子弹)和 bulletin(公报)等容易混淆的词:

ballet(芭蕾舞)一词的最后一个字母 t 不发音,重音在最后一个音节[lei]上,与汉语的"累"同音,可以记忆成"跳芭蕾舞很累"。

把 ballot(选票)分解为 ball 和 lot,记忆为"把选票揉成许多(lot)球(ball)"。

把 bullet(子弹)分解为 bull(公牛)和 et(外星人),记忆为"子弹击中公牛和外星人"。

把 bulletin(公报)分解为 bullet(子弹)和 in(在……里面),记忆成"子弹在公报里面"。

8.6.7 用词头组词

例如,无线电频率的区分,依次为 High Frequency(HF 高频)、Very High Frequency(VHF 甚高频)、Ultra High Frequency(UHF 特高频)、Super High Frequency(SHF 超高频)、Extremely High Frequency(EHF 极高频)。前面的 High Frequency(HF 高频)和

Very High Frequency(VHF 甚高频)还好记,后面的 Ultra(特)、Super(超)、Extremely(极)3 个词,到底哪个比哪个高,有时就记混了。但是如果把它们的第一个字母凑在一起,正好是一个英语单词 USE(用),先后顺序也就记住了。

8.7 辨异记忆

在记忆英语单词过程中,常常发生不同词间混淆的问题。之所以会混淆,一定存在某种容易使人迷惑的因素,利用这些因素,有意识进行音形意方面的辨异比较,在比较中形成记忆链,提高记忆的准确性。

下面列举一些音形意辨异实例,目的在于介绍一种方法,读者并不需要照搬照套。每个人的具体情况不同,需要辨异的词也不同,只要自己在学习英语过程中曾经混淆过,就应该把它们记下来。由于辨异过程是针对自己错误的,因此非常有效。

8.7.1 拼写辨异

把需要进行拼写辨异的单词排列在一起,仔细观察它们的差异。例如 laser(激光)、leathal(皮革)、lethal(致命的)等词发音有差异,拼写完全不一样。

注意在排列需要辨异的单词时,要尽量形成一些有利于记忆的环境因素,以形成记忆链。以下是一些实例:

adapt(使适应)和 adopt(采用,采纳)两个词,按字母的顺序,应该是 adapt 在 adopt 的前面。这样你就可以记成"先(使适应)了以后才(采用、采纳)"。

　　ample(丰富的)与 apple(苹果)可以联系起来记成"丰富的苹果"。

　　bribe(贿赂)与 bride(新娘)可以记忆成"贿赂新娘",也可与 pride(自大的)联系起来记忆为"自大的新娘"。

　　casket(棺材)与 gasket(密封圈)两个词中的 casket 与 case 联系记忆成"棺材像盒子",gasket 与 gas 联系起来记忆成"密封圈是堵气的",两个词联系起来记忆成"棺材带密封圈"。

　　casual(偶然的,随便的)与 casualty(严重伤亡事故)可以连起来记忆成"偶然的严重伤亡事故"。

　　clash(抵触,冲突)、crash(碰撞,倒下,坠毁)和 crush(压碎,粉碎)这3个词经常容易混淆,可以根据这3个词的先后顺序,用以下记忆链记住它们:"(在飞机上发生)冲突后飞机坠毁,摔在地上摔得粉碎"。

　　carton(纸盒)与 cartoon(卡通片)可以记成"一纸盒卡通片"。

　　condom(避孕套)、condominium(共管)、condone(宽恕)与 cordon(警戒线)也容易混淆,要注意其发音与拼写。

　　custom(定做的)与 costume(服装),可以记成"一件定做的服装"。

　　coy(害羞的)和 boy(男孩),可以记忆为"一个害羞的男孩"。

　　daily(每天的、日报)、dairy(奶场、奶制品)和 diary(日记)可以依次记成"每天吃奶制品,写日记"。

　　diplomat(外交官)和 diplomate(毕业文凭持有者)可以记成"外交官必须是文凭持有者(注意两者发音的区别)"。

ethics(道德准则)与 ethnic(少数民族的成员),可记忆为"(讲)道德准则的(的)少数民族"。

　　flesh(肌肉组织,果肉)与 fresh(新鲜的)可以记成"新鲜的果肉"。

　　gloomy(情绪低落的)和 groom(新郎),可以记成"一个情绪低落的新郎";由于 groom 一词也可作"推荐"解,两者可联系起来记忆为"推荐一位新郎"。

　　host(主人)与 ghost(幽灵),可以记忆成"主人是幽灵"。

　　kid(小孩子)、kit(套)、kite(风筝)3 个词,按字母先后顺序可以记成"小孩子有一套风筝"。

　　liter(升)、little(小的)、litter(乱丢)3 个词可以用以下方法记忆:A liter of little stone littered on the ground(一升小石头乱丢在地上)。

　　propaganda(宣传)一词在记住其大致发音的基础上,记住最后3 个元音都为 a。

　　scar(伤疤)、scarce(不足的)、scare(惊吓)3 个词可记忆成"伤疤不足以惊吓"。

　　seminal(精液的,重要的)、seminar(讨论会,研究班)与 seminary(神学院)3 个词可记忆为"神学院举行重要的讨论会"。

　　sever(切断)、several(几个)、severe(严重的)3 个词可记忆为"切断几个严重的"。

　　对于 state 一词的多种意义可以用以下一句话进行记忆:A state of war was stated by the state council(国务院宣布了战争状态)。

　　为了记住和区分 empire(帝国)与 umpire(裁判)两个词,可以记忆为"帝国裁判"。

veteran(有经验的,老战士)与 veterinarian(兽医)两个词可以记成
"有经验的兽医"。

一般情况下,只要用心思索,总是可以找到一些有利于记忆的规
律,但也不要为了要找到记忆链而绞尽脑汁,耗费过多的时间。

8.7.2　ei 和 ie 的辨异

英语单词中的 ei 和 ie 是很容易混淆的,比方说 receive 有时错写
成 recieve,foreign 有时又会错写成 foriegn,如此等等。

为了辨异,可以把 ei 和 ie 的词汇分类汇集起来加以记忆。如:

ei:conceive,counterfeit,foreign,neighbour,receive;

ie:friend,believe,science。

把以上含 ei 的词串起来,记忆成 To conceive that the police
inspected counterfeit goods received by a foreign neighbour(想象警察
检查了一个外国邻居收到的假冒产品)。

把以上含 ie 的词串起来,记忆成 My friend believes in science(我
的朋友相信科学)。

8.7.3　ant 和 ent,ance 和 ence 辨异

ant 和 ent,ance 和 ence 结尾的词容易互相混淆,为解决此问题,
可以把自己碰到过的 ant 和 ent,ance 和 ence 结尾的词分类收集在一
起,设法找出一个记忆链把它们串起来(即使是很勉强的、很荒谬的也
可以,而且往往越荒谬越有助于记忆)。

例如：

ant 和 ance 结尾的词	ent 和 ence 结尾的词
dance(跳舞)	rent(租金)
assistant(协助的)	correspondent(记者)
assistance(协助)	correspondence(通信,报道)
attendance(参加)	evident(明显的)
important(重要的)	evidence(证据)
importance(重要)	independent(独立的)
circumstance(情况,环境)	independence(独立)
	confident(有信心的)
	confidence(信心)

ant 和 ance 结尾的词可以和 dance(跳舞)联系起来记忆。记忆成"(在)重要的(important)情况(circumstance)下,协助(assistance)参加(attendance)跳舞(dance)"。因而是 important,而不是 importent;是 circumstance,而不是 circumstence;是 assistance 和 assistant,而不是 assistence 和 assistent;是 attendance 和 attendant;而不是 attendent 和 attendence;是 importance,而不是 importence。

ent 和 ence 结尾的词可以和 rent(租金)联系起来记忆。即"独立的(independent)、有信心的(confident)、记者(correspondent)是显然(evident)付得起租金(rent)的"。因而是 independent 和 independence,而不是 independant 和 independance;是 confident 和 confidence,而不是 confidant 和 confidance;是 correspondent 和 correspondence,而不是 correspondance 和 correspondant;是 evident 和 evidence,而不

是 evidant 和 evidance。

为了便于记忆,分类书写时要注意顺序,如 ei 和 ie,因为在字母表中 e 在 i 的前面,分类时就把 ei 排在 ie 的前面;同理,ant 和 ance 要排在 ent 和 ence 的前面。这样,只要记得(哪怕是模模糊糊地记得)某个词是在对照表的左边还是右边,就可以得知它应该是 ei 还是 ie,是 ant、ance 还是 ent、ence。

8.7.4 音辨异

英语中有不少词,其重音不同意味着是不同的词类。例如,import 重音在后面一个音节上为名词,在前面音节上则为动词。这种区别还比较好办。有的词读音不同就意味着不同的意思,记忆时必须特别注意。例如,lives [laivz] 是名词 life 的复数,而 live [laiv] 是形容词,意为"活的,有生命力的";live [liv] 是动词,意为"活、生存"。

把拼写辨异与发音辨异综合记忆的效果很好。例如,desert 重音在前面时作名词"沙漠"解,重音在后面时作动词"丢弃,开小差"解,记忆时需要进行发音辨异,可记成"(在)沙漠开小差"。而 dessert(甜点心)的重音也在后面,发音与作"丢弃,开小差"解时的 desert 相同,此时需要进行拼写辨异,记住多一个 s。

又如,hail(欢呼,冰雹)、hair(毛发)、heir(继承人)、hell(地狱、苦境)、hill(小山)等词,有的形似,有的音近,记忆时需要进行拼写或发音辨异。

8.7.5 意辨异

有些发音相同的词的拼写和释义不同,要注意辨异。

例如,barren(贫瘠)与 baron(巨富)的发音完全一样,可以记忆为"贫瘠的巨富"。

team(队,组)与 teem(充满,富于)发音完全相同,可以记忆成"This team teems with good players(这个队里好运动员很多)"。

scares(scare 的第三人称,意为"害怕")与 scarce(缺乏的)的发音相同,可以记忆为"害怕缺乏"。

troop(部队)的发音与 troupe(戏团,杂技团,马戏团)相同,可记为"部队戏团"。

8.7.6 反复纠错强化记忆

发现某个单词的形、音、义的某方面记忆有错以后,就要"罚"20遍。例如,发现把 environment 错记成了 enviroment 后,首先"罚"自己正确地拼写 20 遍,而且每写一遍都提醒自己一次:"这里有一个 n"。

这样做不但记忆效果很好,而且可以大大地提高对于差错拼写的敏感性。此外还应该把自己曾经混淆过的单词拼写单独整理,一有空就看看,以加深记忆。例如:

不是 atomosphere   是 atmosphere

不是 automosphere   是 atmosphere

不是 creat   是 create

不是 demostration   是 demonstration

不是 develope　　　是 develop

不是 enviroment　　是 environment

不是 extrem　　　　是 extreme

不是 magzine　　　是 magazine

不是 messure　　　是 measure

不是 negociate　　　是 negotiate

不是 ocassion　　　是 occasion

不是 offcial　　　　是 official

不是 preasure　　　是 pressure

不是 seperate　　　是 separate

不是 treate　　　　是 treat

不是 vihecle　　　　是 vehicle

纠正错误语音时,应该一边大声地读正确的语音,一边在脑子里默念潜台词"这个词不读……"。

8.8　整体记忆词组

许多人感到记忆英语词组比较困难,例如 give、in、up 等的意思都明白,但不一定知道 give in 的意思是"屈服,让步",give up 的意思是"停止,抛弃"。如果把整个词组作为一个"单词"去记,就比较容易,而且用的时候,也能作为一个整体去识别。

同时,也可以把动词或名词的不规则变化作为一个整体去记,例如,把 beat、beat、beaten 一口气记下来,需要时也能不假思索地"脱口而出"。

如果能切实地按以上方法学习英语,不但会感到记忆单词是一个自然而然的过程,而且学到的英语知识也扎实、全面。

8.9 随时随地记忆

随着改革开放的不断深入,英语环境越来越好,只要留心,随处都可以学习英语。例如,看电视、听广播、看广告和标语、阅读购物时带来的英语说明书等碰到一些不认识的生词时,只要有可能,就应该设法搞清楚,并记录下来。

例如,看电影《骆驼祥子》广告上的英语名称中有 rickshaw 一词,查词典知道是"黄包车"。

碰到从外语译过来的汉语新名词时也要设法搞清楚其英语拼写。例如北约轰炸南斯拉夫时使用了隐形飞机,应该设法找到英语 stealth jet。

由于此种记忆与特定的场合和暗示条件联系在一起,记忆效果特别好。

随时随地记忆英语单词的另一方法是生词本随身带,只要有空就拿出来看看,以加强记忆,防止遗忘。

8.10 举一反三

不论是阅读或听写,碰到生词需要查词典时,尽可能把与所查词有关的派生词、同义词和反义词看一看,以便举一反三地记住更多的词。

长期坚持这样做,非常有利于扩大词汇量。

8.10.1 派生词

例如,在查阅到 ample(adj. 充足的,丰富的)一词以后,应该同时看看该词后面的 amplification(n. 放大,扩大)、amplify(vt. 放大,扩大)、amplifier(n. 放大器,扩大器)与 amplitude(n. 广阔,振幅)等词。

如果先知道了派生词,应该反回去找到基本词。例如,学会了 aviation 一词,可以查到该词是从 avian(鸟的,像鸟的)派生出来的,同时还可查到 aviate(乘飞机,驾驶飞机)和 aviator(飞行员)等。有了这样的背景知识,碰到 avian flu 时不用查词典也可知其为"禽流感"。

8.10.2 同义词与反义词

查词典时要注意其同义词与反义词,也可有意识地阅读同义词与反义词词典。例如,对于人们熟知的 disaster 一词,其同义词有 catastrophe、calamity、adverse happening、misfortune、great mishap、cataclysm、tragedy、trouble、scourge、crushing、reverse、accident、adversity、ruination、blight、harm、misadventure、wreck、fiasco 等。

其反义词有 blessing、benefit、good fortune、profit、gain、boon、windfall 等。

虽然所有这些派生词、同义词和反义词都是顺便看看的,因而不一定能全部记住或立即记住,但多少总会有一些印象,总能记住一些。而且经常会有这样的情况:在查某个生词时发现它的某个派生词是自己早就熟知的,例如已经熟知 amplification 等词,这样倒过来可以帮助记住单词 ample。

这样做,由于把多个意思相近或相反的词联系在一起,记忆效果比较好。

8.10.3　同类词

与以上做法相似,学习中应该注意把同类的词收集在一起,以利于记忆。例如,以下词可以结合在一起记忆:

altitude　高度

attitude　态度

latitude　纬度

longitude　经度

又如,知道 back to back 意为"背对背,一个接一个的"以后,可以把以下词收集在一起:

back to back　背对背,一个接一个的

face to face　面对面的

fight hand to hand　短兵相接,肉搏战

hand to hand　逼近的

head to head　头对头,交头接耳

neck and neck　并驾齐驱,不分上下

see eye to eye(with sb)　(与某人的)看法完全一致

shoulder to shoulder　并肩的,齐心协力的

8.11 想不起单词怎么办

学过英语的人大概都有这样的经验：有时"想不起"某个熟悉的英语单词。"想不起"的情况有两种：一种是明明是一个记得滚瓜烂熟、经常使用的词，但由于 TOT 现象而一时怎么都想不起来；另一种是曾经下过一番工夫，确实曾经记住过，但还没有熟到滚瓜烂熟的地步，因而想不起来。

由于 TOT 现象引起的"想不起"，可以从与这个词有关的其他线索入手去想，或者暂时放一放，转移一下注意力，想想别的事或先做别的题，稍后可能突然间会想起来。

对于由于不是很熟而一时想不起来的词，如果是考试，不许查词典，就应该积极回忆。首先是运用联系法，顺着各种联系线索进行回忆，例如，这个词是在什么情况下学会的？它经常与什么词联系在一起用？汉语的解释是什么？读音(全部或部分读音)是什么？它的同义词和反义词是什么？等等。经过这样的积极回想，大部分可以回想起来，而且每这样回想起来一次就会加深一次记忆。如果不是考试，就应该立即查英汉词典、汉英词典、同义词和反义词词典等，以期得到解答，并在这一个过程中加深记忆。

第 9 章

充分发挥"烂"笔头的作用

前面几章着重讨论了"好记性"的重要性和如何使自己有一个好记性。但也不要因此而走向另一种极端,忽视"烂"笔头的作用,懒得动笔,一切全凭脑子记,好像文字和各种现代化的记录工具还没有发明一样。人们常说,好记性不如"烂"笔头,就是因为再好的记忆力也不可能把所有的内容都记住。而且即使一时记住了,日后总有遗忘的时候。所以在加强记忆训练的同时,还必须重视发挥"烂"笔头的作用,要养成勤动笔的习惯。

这里所说的"烂"笔头是广义的,泛指各种非脑记忆的工具和手段,在当今电脑时代,尤其是指电脑和各种数码设备。

9.1 "烂"笔头的作用

在个人的日常生活、工作和学习中,"烂"笔头的作用表现在以下几个方面:

(1) 只有"烂"笔头,才能准确地、全面地记下各种信息。在一个人的每天生活、学习和工作中会碰到各种各样的事,有大量的信息需要记忆。对于普通的人来说,所有这些信息(尤其是它们的细节),只用脑子去记,是很难全面和准确地记住的,不是记得不全就是记得不准。即使一时记住了,日后回忆时也可能回忆不全或不准。不准和不全的记忆有时会造成各种后果,轻则某些事情办不成或办不好,重则造成严重的损失。这种情况尤其在记忆数字(电话号码、日期和财政数字等)方面更为明显,不少人都有这样的体会:当某个数字在自己脑子里留下深刻印象或者正在思考某个数字时,常常会下意识地把别人说的别的数字误记成该数字。如果在听的同时能写在纸上,则可以避免此类现象的发生。

前面介绍了各种各样只用脑子而不用"烂"笔头记住十几件或几十件互不相关事件的方法。作为一种记忆方法和对于人脑智力的开发和锻炼是很有价值的。但是"智者千虑,必有一失",再好的记性也会有忘记的时候,从而会大大地减低办事效率,甚至产生严重的后果。发挥"烂"笔头的作用,就可以防止上述种种因遗忘而造成的损失。

用脑子记忆也好,用"烂"笔头记忆也好,目的在于提高综合记忆力,把事情办得更好。所以各种词典、花名册、参考资料以及常用电话号码表等要随身带,及时查阅,并且要注意及时整理和更新。

(2)只有用"烂"笔头把用脑子记住的信息写出来,才能形成准确的见解,才能与别人共享。一般人回忆记在脑子里的内容时,各种想法一闪而过,不太容易将前后内容进行反复对比和推敲,因而不易发现有什么不妥甚至互相矛盾的地方。而动笔写,各种想法就固化在纸上了,可以从容地进行对比和推敲,有什么不妥或矛盾的地方比较容易发现和纠正,从而形成准确的见解。所以用"烂"笔头记下信息的过程,是一个准确记忆和加固记忆的过程。

(3)只有把信息固化成文字以后才有可能进行有效的学习,才有可能随时复习。光靠脑子记忆是做不到这一点的。例如,要记忆圆周率 100 位,如果只有口头的传授和脑子的记忆而没有文字记录,就难以进行准确的复习,除非身边有一个能准确背出 100 位的人在随时指点你。而一旦有了文字记录以后,随时都可以拿出来进行准确的复习。

(4)即席讲话时,只要有可能,都要坚持用"烂"笔头把讲话要点写出来,有几个字也行。因为只有这样,才能避免由于 TOT 现象引起的丢三落四现象。

所以记忆力再强也要善于使用"烂"笔头。

9.2 记事本随身带

正是因为"烂"笔头较之好记性有以上这么多的优越性,所以记事本要随身带,随时随地把有用的信息记下来。

"凡事预则立,不预则废。"想办成一件事,不论事大事小,在事先都应该有一个计划,并在执行过程中及时修正和补充这个计划。为了做到这一点,就要做一个有心人,把随时随地想到的、听到的、看到的事情都记录下来,并及时分类归纳,从中发现和提出问题。这样,就把事前事后、办公室内办公室外、八小时内和八小时外、一个人的智慧和众人的智慧融为一体,力争把可能办成的事情都办成。那种随波逐流、干到哪里算哪里的做法是最不可取的。

记事本随身带还可以及时捕捉到灵感。从心理学的角度讲,灵感是存在的,而且一点也不神秘。人们对于某一个问题进行长时间的冥思苦想而找不到答案,在某种情况下,在漫不经心进行娱乐活动的时候,或看到某种现象以后受到了启发,问题的答案会突然浮现在脑海里,这就是灵感。它是长时间冥思苦想之后的一时茅塞顿开,一种顿悟。它来得快,走得也很快,如不加以注意并及时地把它们记录下来,日后可能难以重现,从而失去一些有价值的思想。

　　不少人可能都有这样的体会:晚上睡觉时由于脑子处于比较安静的状态,特别容易产生灵感。所以晚上睡觉也要把记事本放在身边,入睡前或醒来时有什么想法,立即把它写下来,写的时候不一定非常正规,只要事后自己能看懂即可。

　　与记事本随身带有事就记的做法一样,接电话时对于重要的事情,尤其是数字(例如经费数额、电话号码、时间地点等),要边听边记录边核实。

　　同样,向别人叙说重要事情时,也应该尽量把要点写在纸上交给当事人,这样既可以防止对方遗忘,也可以防止对方搞错。如果是口头交代,重要的事情要请对方复述一下。

9.3　充分利用现代记忆工具

　　随着社会信息化程度的提高,需要人们记忆的信息量急剧增加,大有记不胜记的感觉。值得庆幸的是,在信息量急增的同时,各种电、光、声和电磁记忆设备层出不穷,能很方便和准确地记忆和重现各种各样的信息。例如,日益普及的录音笔和 MP3、MP4 播放器可以随时随地很方便地进行录音。参加会议或与人聊天,在允许录音的场合都可以录制,事后再整理成文字。也可口述记录下要办的事,事后放出来听或整理成文字。在不便于动笔的场合或来不及用笔记录时,这种方式的优越性更明显。

各种各样的电子设备,能快速检索和读出,在记忆日程方面能按照人们事先编定的时刻发出声光等信号,提醒不要遗忘。所有这些都应该根据自己的情况尽量采用,以提高办事的效率。

现在手机非常普及。它是一个非常好的电子记事本,应该充分利用。有的手机具有照相功能,可以随时摄取图像资料。

现代工具中以电脑的功能最强,应该充分加以利用。20 多年来,笔者养成了"天天录入,周周整理"的习惯,每天都把当天收集到的各种资料输入电脑,每周分门别类加以整理,积累了大量的有用资料,大大提高了学习和工作效率。